帰宅後30分で完成！
爆速夜ごはん
Hana

ナツメ社

『料理しんどい』
『節約しんどい』から
解放されよう!

爆速だけじゃない、ちゃんと美味しい!

　アラームが鳴ると同時に朝が始まる。急いで支度をして、仕事をこなし、ヘトヘトに疲れた足で家に帰宅。「もうこのまま寝ちゃいた〜い!!」そう思った夜が何度あったことでしょうか。
　ひとり暮らしなら、そのままベッドにダイブしても、何を食べてもOK！ですが、家族がいたり、誰かのためにごはんを作らないといけなかったりするとそうはいきません。ボリュームも彩りもあって、そして何より栄養がしっかりとれるメニューを30分以内で作るには……? そんなことできるのか?! 悩み続けた結果、私の「夜ごはん30分タイムアタック」が始まったのでした。
　「とにかく早く、美味しく!」キッチンに立っているのは私一人なのに、まるでそこは競馬場のような熱気。気づけば、毎日のキッチンレース

 のおかげで、いつからか爆速で夜ごはんが作れるようになっていました。

 全国の夜ごはん担当のみなさまが少しでも楽できるように、そして何より楽して浮いた料理時間を自分のためのリラックス時間に使えるように。そんな思いを込めて生まれたのが「爆速夜ごはん」なのでした。

 めんどくさい手間は省いて、でも美味しくなるポイントは残して。作る人も食べる人も大喜び間違いなし！そんなレシピの数々をこの本では「爆速調理」を叶える調理工程と共に紹介しております。

 1年を通して手に入りやすい食材や冷凍食材をうまく活用し、時間とお金、その両方の節約を叶えちゃいましょう！

Hana

> 段取りで
> 料理は断然
> 楽になる！

料理がニガテ！そんな人ほどまずは押さえて 爆速料理のきほん

この本の最大のテーマは『爆速』！料理を手際良く作るために押さえておくと良いポイントを紹介します。ポイントさえ覚えれば簡単だから、トライしてみてね！

Point 1
先にレシピを頭に入れておく

料理を手際良くするために一番大切なポイントは、事前にレシピを頭に入れておくこと！ レシピ本を活用するときは、まず分量と工程に目を通してみてください。そうすると、最初の工程を調理している間に、次にやることを考えられるようになるから、効率良く動けるようになるはず！ 私はいつも献立ノートにレシピを書き込んで、料理の流れを頭に入れてから料理しています。

Point 2
使う食材、調味料は先に出しておく

レシピ本を見ながら、その度に食材や調味料を探していると、やたらと時間がかかったり、火を通しすぎてしまったりと失敗につながることも。爆速料理はスピード勝負！ だから、すぐに取り掛かれるように先に使う食材や調味料を揃えておくことが最大のポイント！ キッチンにスペースがある場合は、使う分の食材（お肉やお魚は出さなくてもOK）や調味料をまとめて出しておくと、冷蔵庫を何度も開ける必要がなくなります。

爆速料理の
一連の流れをおぼえよう！

どんな料理も調理工程は大体同じ！流れをおぼえることで、
手際が良くなって、料理をテンポ良く進められます♪

Step 1 洗う・切る

野菜は使う度に切るのではなく、献立に必要な分を必要な形にまとめてカット！野菜を切ってからお肉やお魚を切ると、まな板を洗う回数も減らせます。

野菜はまとめて切るのが楽！

Step 2 火を使う

次は加熱調理。炒める、焼く、煮るなどの調理をするよ。メインのおかずを調理する前に、もう一つのコンロで汁物を準備。鍋に水と材料を入れて極弱火にかけたら、あとはほったらかしでOK！

汁物は盛りつける直前に
みそや溶き卵を加えて仕上げをしてね。
同時調理をすることで、
どちらもアツアツで食べられるよ！

爆速ポイント！
便利な調理器具を使えばさらに時短！

何気に時間がかかるのが、みじん切り。私はみじん切りカッターをよく使っています。あと、肉団子を丸めるときは、ディッシャーを使うと手が汚れないからおすすめです！

Step 4 盛りつける

お気に入りのプレートに、彩りを考えながら盛りつけよう！レタスやトマト、レモンなどの彩り野菜を一緒に盛りつければ、料理がパッと華やぎます。

彩りを考えて盛りつける！

Step 3 味つけする

食材に火が通ったら、調味料を加えて味つけ！ここで大切なのは、必ず一度味見をすること！最後は自分の好みの味に調整するのがおすすめだよ。

火が通ったら、調味料を加えて味つけ！

> 悩まない！
> パパッと
> 2人分！

献立の立て方のコツ

料理はやってしまえば案外できてしまうけど、みんなの頭を日々悩ませているのは、"毎日の献立を考えること"ではないでしょうか？このページではそんなお悩みを解決する献立ルーティーンを紹介するよ！

Hanaの献立ルーティーン **1**

献立を考えるのは毎週日曜日

平日の自分を救うために必要なこと、それは休日に準備をすること！私の場合、朝ごはんを食べて、洗濯物を回して少しほっこりしたら献立決めを始めます。献立は、できるだけ楽しみながら考えるのがポイント。冷蔵庫の残りの食材を使ったメニューや自分が食べたいものを考えたり、家族やパートナーと住んでいる方は「何が食べたい？」なんて聞きながら一緒に考えたりしても良いですね♪ あとは、作りたいレシピのリストを日々ストックしておくのもおすすめです。 例えば、「これ美味しそう！」と思ったお店のメニューを写真に撮っておいたり、子どもやパートナーが食べたそうにしていたメニューをスマホのメモに書いておいたり……。「何も思い浮かばん！」って時は、ネットで好きなお店を調べて、メニューを見ると「これ食べたい〜！作ってみようかな」ってなるので、それもおすすめです！

> 書き出すことで頭の整理にもなるし、同時に冷蔵庫のチェックもできちゃう！

まずはメインおかずを考えよう

献立を決めるときは、私はまずメインのおかずを考えます。土日は残り物で作ったり、外食したりすることが多いので、基本的には月～金曜日の平日5日分を決めるよ。自分の食べたいものや、作ってみたいものを書き出してみてね。例えば、今週は青椒肉絲が食べたいと思ったら、メインで使うお肉を書き出し、そのお肉で作れるおかずを決める。今週はたらが食べたいと思ったら、たらを使ったおかずを2種類決めるという感じでやってみてね！

　お弁当を作る場合は、このタイミングでメインを書き込んでおくと楽です。

お肉の種類をまとめると節約になることも！

バランス重視の方はお肉とお魚を交互でもGood！

Mon.
青椒肉絲［豚ロース薄切り肉］

Tue.
麻婆春雨［鶏ひき肉］

Wed.
たらのガーリックレモンソテー［たら］

Thu.
たらの南蛮漬け［たら］

Fri.
てりたまポーク［豚ロース薄切り肉］

Hanaの献立ルーティーン 3
必要な食材を書き出そう

メインのおかずを書き出したら、材料を考えてみよう！レシピがわからない場合はこのタイミングで検索をしてノートに先に書いておくと、実際作るときに再度探す手間も時間もカットできるよ！例えば、月曜日の青椒肉絲［豚ロース薄切り肉、ピーマン、たけのこ］、火曜日の麻婆春雨［鶏ひき肉、長ねぎ、にんじん、しいたけ、春雨］、水曜日のたらのガーリックレモンソテー［たら、ブロッコリー、ミニトマト］、木曜日のたらの南蛮漬け［たら、玉ねぎ、にんじん、ピーマン］、金曜日のてりたまポーク［豚ロース薄切り肉、卵、玉ねぎ］というように食材をリストアップしてみよう。

Hanaの献立ルーティーン 4
副菜やスープはある食材で考えよう

最後に決めるのが、作りおきする副菜とスープ。どちらもメインのおかずで使う食材からレシピを考えます。もし先週から残っている食材があれば、それを優先的に使うようにすると◎。副菜の作りおきは和・洋・中のバランスをみて4〜5種類作っているよ。そうするとメインおかずとの味のバランスがよくなるから合わせやすくなります。酢の物も保存がきくからよく作っているよ。

献立ノートを使うと ものすごく楽ちん！

実際に私が使っている献立ノートはこちら！

これは私のキッチンブランドSUN CLUBの初のアイテムであり、私が長年書き込んでいる献立ノート！自分だけのレシピノートにもなるし、続けることで自分のお料理の記録になるから大切に使っているよ。

Point 1

買い物は週に1回にする

ひとり暮らしのときから変わらず、買い物は週に1回と決めています！私の場合はスーパーそのものが大好きなので、ついつい用事がなくても寄りがち。行くと何か欲しくなる性格なので、回数そのものを減らすことが節約につながっています。

1週間に必要な食材をまとめて買っておくと、「ちょっとスーパーに寄ろうかな……」という誘惑がなくなるのでおすすめです。食費の予算は4,500円〜5,500円で、お肉などのメインに使う食材が2,000円〜2,500円、残りはお豆腐やお野菜、卵などサブの食品に使うようにしています。

ふたり暮らしになって大きく変わったのが食材の量の多さ！最初の頃は分量の正解がわからず、たくさん買ってしまって、予算をオーバーしてしまうことが多々ありました。そこで、日持ちしにくいお肉やお魚は最小限にするように。代わりにお豆腐や春雨を使ってカサ増しをしたり、スープを具沢山にしてみたりして、ボリュームが出るようにしているよ！

節約も楽にできる！

買い物ポイント3

献立ノートに買い物リストを書き出したら、買い物にレッツゴー！買い物のポイントを押さえておくと、お得に買い物できて、節約に役立つよ！

どうやって食材の鮮度を保ってるの？

食材に適した保存法を調べて長持ちさせるよ！

10

Point 2
安い野菜で作れる副菜を考える

野菜は季節や天候に左右されたり、お店によって値段が違ったりすることも多いから、スーパーに行って買う物を変えることもよくあります。例えば、ほうれん草とえのきだけを買おうと思っていたけど、安かったので小松菜としめじに代えて、同じレシピで作るというように、代わりになる野菜を考えます。あとは、その場で見つけた安い野菜で作れそうな副菜を考えられるようになると、買い物がもっと楽になるかもしれません。

　他にもこんな風に代わりを考えています。

キャベツ → 白菜　　　ごぼう → にんじん
長ねぎ → 水菜　　　　れんこん → じゃがいも
ブロッコリー → ピーマン　大根 → かぶ

和 ごま和え / お浸し / 酢の物など
洋 コンソメを使った料理 / マリネ系 / マヨ系など
中 ごま油でナムル / 中華サラダなど

和・洋・中でバランス良く！

Point 3
見栄えを良くする食材でテンションもアップ！

あるとないとじゃ大違い！

料理の見栄えをレベルアップさせるのに大活躍する食材がトマトとレタス！ほかにもレモンや青じそなど、色が鮮やかなものを添えるだけで、見た目の華やかさが倍増するよ。見た目が美味しそうだと自分のテンションも上がるから、彩り野菜は積極的に買うようにしています。

11

Contents

Prologue……2

段取りで料理は断然楽になる!
料理がニガテ! そんな人ほどまずは押さえて
爆速料理のきほん……4

悩まない! パパッと2人分!
献立の立て方のコツ……6

節約も楽にできる!
買い物ポイント3……10

この本の特長……15

まるっとマネしてみて!
平日5日1週間×5週分の
爆速夜ごはん……16

Column
Hanaの暮らし

1 お弁当のこと……42
2 家事のこと……43
3 ごはん作りと節約のこと……68
4 週末のパン作り……69
5 共働きのスケジュール……94
6 休日のごはんのこと……95
7 私の料理、Before → After……120
8 日々を幸せに暮らすには……121
9 一問一答……146

食材別さくいん……148

1週目 みんなが喜ぶ定番ごはん

今週の使う食材……19
今週の作りおき副菜……20
　れんこんとにんじんのきんぴら
　ほうれん草とコーンと卵のマヨサラダ
　ほうれん草とにんじんのナムル
　ほうれん草としめじのごま和え
　にんじんとオレンジのマリネ
　ごまダレ

Mon.
煮込みハンバーグの献立……22
　煮込みハンバーグ
　玉ねぎとしめじのコンソメスープ

Tue.
甘酢チキンの献立……26
　甘酢チキン
　コーンと卵の中華スープ

Wed.
れんこんの挟み焼きの献立……30
　れんこんの挟み焼き
　わかめと豆腐のみそ汁

Thu.
ピリ辛七味から揚げの献立……34
　ピリ辛七味から揚げ
　ほうれん草と卵の中華ポン酢スープ

Fri.
タコライスの献立……38
　タコライス
　玉ねぎとにんじんのトマトスープ

2週目 ごはんが旨い！ごはんどろぼうレシピ

今週の使う食材……45
今週の作りおき副菜……46
　中華春雨サラダ
　のり塩ポテサラ
　ミニトマトと玉ねぎのマリネ
　卵とブロッコリーのサラダ
　ペペロンブロッコリー
　ピーマンのおかか和え

Mon.
青椒肉絲の献立……48
青椒肉絲
わかめスープ

Tue.
麻婆春雨の献立……52
麻婆春雨
サンラータン

Wed.
たらのガーリック
　レモンソテーの献立……56
たらのガーリックレモンソテー
ブロッコリーと玉ねぎの
　コンソメスープ

Thu.
たらの南蛮漬けの献立……60
たらの南蛮漬け
わかめと卵の春雨スープ

Fri.
てりたまポークの献立……64
てりたまポーク
野菜たっぷりコンソメみそ汁

3週目 ガッツリ肉を食べる！

今週の使う食材……71
今週の作りおき副菜……72
　なすのナムル
　なすと小松菜のごま和え
　ミニトマトとオクラのおかか和え
　オクラの塩昆布和え
　お揚げと小松菜の煮浸し
　ミニトマトのねぎ和え

Mon.
鶏なすたぬきの献立……74
鶏なすたぬき
豆腐とお揚げのみそ汁

Tue.
ハニーガーリックポークの献立……78
ハニーガーリックポーク
オクラとトマトのレモンコンソメスープ

Wed.
香味ダレチキンステーキの献立……82
香味ダレチキンステーキ
小松菜となすのポン酢スープ

Thu.
旨トマ鶏チリの献立……86
旨トマ鶏チリ
オクラとなすのみそ汁

Fri.
ねぎレモンポークの献立……90
ねぎレモンポーク
オクラと豆腐、わかめの中華スープ

4週目 楽しく作れるアイデアレシピ

5週目 おうち居酒屋にもぴったり！

今週の使う食材……97
今週の作りおき副菜……98
　かにかまときゅうりのコロコロサラダ
　小松菜とにんじんのおかか和え
　ごまキムチ
　枝豆チーズスティック
　枝豆とマカロニ、卵のサラダ
　かにかまと小松菜ともずくの酢の物

Mon.
さば缶で作る
　2種の春巻きの献立……100
さば缶で作る2種の春巻き
豆腐とわかめのみそ汁

Tue.
にら玉豚キムチの献立……104
にら玉豚キムチ
わかめとにんじん、
　玉ねぎの韓国風スープ

Wed.
梅しそチーズとんかつの献立……108
梅しそチーズとんかつ
にらかに玉スープ

Thu.
厚揚げと豚肉の
　ヤンニョム炒めの献立……112
厚揚げと豚肉のヤンニョム炒め
野菜たっぷりキムチスープ

Fri.
チーズ入り磯辺揚げの献立……116
チーズ入り磯辺揚げ
えのきともずくのスープ

今週の使う食材……123
今週の作りおき副菜……124
　キャベツとにんじんのコールスロー
　キャベツとひじきの和風ごまサラダ
　セロリとミニトマトの中華サラダ
　ひじきとしょうがのきんぴら
　こんにゃく田楽
　にんじんとセロリのマリネ

Mon.
簡単ちび餃子の献立……126
簡単ちび餃子
ワンタンスープ

Tue.
セロリと豚の
　オイスター炒めの献立……130
セロリと豚のオイスター炒め
トマトと卵の洋風みそ汁

Wed.
お好み焼き風つくねの献立……134
お好み焼き風つくね
わかめと卵の中華スープ

Thu.
豚のもやし&豆苗巻きの献立……138
豚のもやし&豆苗巻き
もやしの旨辛スープ

Fri.
厚揚げの
　麻婆炒めの献立……142
厚揚げの麻婆炒め
レタスのたまポンスープ

この本の特長

献立を30分以内で仕上げるコツは "同時調理"！ ポイントはたったの6つ

1 使う食器は先にお盆に出しておく

2 冷たい副菜は先に盛りつけてOK！

3 調理に使う食材や調味料は先に用意しておく

4 まとめて野菜を切る→お肉を切る で まな板を洗う時間をカット

5 汁物は極弱火で煮て、ほったらかし調理！
＊火元からは目を離さないようにしてください。慣れるまでは沸騰したらいったん火を止めて、盛りつける前に温め直せばOK！

6 火を通している間に洗い物を片付けると後がラクチン！

調理と調理の間にある"スキマ時間"をうまく活用して、料理の効率化を実現！ 料理開始から終わりまで、プロセスを細かく解説しているので、レシピ本を開きながら、自分の動きと合わせて調理を進められるのが嬉しい♪ 慣れてきたら、ほかのレシピでも効率良く料理ができること間違いなし！

この本のルール

＊材料は2人分を基本にしています。レシピによっては作りやすい分量などもあります。
＊計量単位は大さじ1=15ml、小さじ1=5mlとしています。
＊電子レンジは600Wを基本としています。500Wの場合は加熱時間を1.2倍にしてください。
＊「少々」は小さじ1/6未満を、「適量」はちょうどよい量を示します。
＊作りおき副菜の保存期間の目安は冷蔵で2〜3日です。冷蔵庫内の冷気の循環状態、開け閉めする頻度などにより、美味しく食べられる期間に差が出る可能性があります。
＊保存の際には、食品の粗熱をしっかりととり、清潔な箸や容器を使ってください。

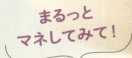

平日5日 1週間 × 5週分 の 爆速夜ごはん

まるっとマネしてみて！

「今週は何を作ろう……？」
そんなときはこの本を開いて
作りたいレシピを見つけてみて！
今回は栄養も彩りもバッチリな献立を
たっぷり5週間分用意しました♪

1週目
みんなが喜ぶ定番ごはん

自分1人のごはんとなると、正直なんでもいいけれど、誰かに作るとなると話が変わる!! と、思ったことみなさんはありますか？ 私はふたり暮らしを始めて、"誰かに作る料理の難しさ"の壁にぶち当たりました。食べる量も食の好みも違う……でも、せっかく作るなら「これ美味しい！」の顔が見たい！ この章では、子どもから大人までみんなの「美味しい！」が聞ける簡単レシピを紹介します。

今週の使う食材

サニーレタスやミニトマトなど、添えるだけで彩りが良くなる野菜は、季節に合わせてお得なものに代えれば節約＆栄養価アップ！たんぱく質が足りないときは、豆腐や卵を副菜やスープで追加するとGood！

買い物メモ

肉類
合いびき肉……800g
鶏もも肉……4枚

その他たんぱく質食材
卵……1パック
木綿豆腐……2丁

野菜類
玉ねぎ……2個
にんじん……2本
れんこん……2節（300g）
ピーマン……4個
サニーレタス……1玉
ミニトマト……1パック
ホールコーン(缶)……1缶
しめじ……1袋
ほうれん草……1袋
カットトマト(缶)……1缶
オレンジ……1個

食材合計＝**3,630**円

調味料・常備食品

基本調味料
しょうゆ／酒／みりん／酢／みそ／砂糖／塩／粗びき黒こしょう

油
ごま油／サラダ油

だし＆スープの素
顆粒ブイヨン／顆粒和風だし／鶏がらスープの素

その他調味料
マヨネーズ／トマトケチャップ／中濃ソース／めんつゆ（3倍濃縮）／ポン酢しょうゆ／レモン汁／七味唐辛子／はちみつ／にんにく（チューブ）／しょうが（チューブ）／ラー油

常備食材
白いりごま／白すりごま／わかめ（乾燥）／パセリ（乾燥）／粉チーズ／片栗粉／パン粉

1週目

1週目 今週の作りおき副菜

ほうれん草とコーンと卵のマヨサラダ

材料　2人分 2日分
ほうれん草……1株
卵……2個
ホールコーン(缶)……大さじ2
A｜マヨネーズ……大さじ1
　｜顆粒ブイヨン……小さじ1/2

作り方
1 鍋に湯を沸かし、ほうれん草を入れてさっとゆでて取り出す(湯はとっておく)。水けを絞り、一口大に切る。
2 1の湯に卵を入れて10〜12分ゆでてゆで卵にし、くし形切りにする。
3 ボウルに 1、2、汁けをきったホールコーン、A を入れて混ぜ合わせる。

れんこんとにんじんのきんぴら

材料　2人分 2日分
れんこん……40g
にんじん……中1/4本
A｜しょうゆ・みりん・酒
　｜　……各小さじ2
　｜砂糖・白いりごま……各小さじ1
　｜顆粒和風だし……小さじ1/2
ごま油……小さじ2

作り方
1 れんこん、にんじんは5mm厚さのいちょう切りにする。
2 フライパンにごま油を中火で熱し、1 を入れて2〜3分炒め、A を加えて炒め合わせる。

オレンジと合わせてさわやかな副菜に！にんじんを切るのはスライサーが便利！

ほうれん草とにんじんのナムル

材料 2人分2日分

ほうれん草……1株
にんじん……中1/4本
A | ごま油……大さじ1
　| 白いりごま……小さじ1
　| 鶏がらスープの素・
　| にんにく（チューブ）
　| ……各小さじ1/2
　| 塩……ひとつまみ

作り方

1 ほうれん草は一口大に切り、にんじんは細切りにする。
2 鍋に湯を沸かし、1を入れてさっとゆで、水けを絞る。
3 ボウルに2、Aを入れて混ぜ合わせる。

ほうれん草としめじのごま和え

材料 2人分2日分

ほうれん草……1株
しめじ……100g
A | 白いりごま・
　| めんつゆ（3倍濃縮）
　| ……各小さじ2
　| 砂糖……小さじ1

作り方

1 ほうれん草は一口大に切り、しめじは石づきを切り落としてほぐす。
2 鍋に湯を沸かし、1を入れてさっとゆで、水けを絞る。
3 ボウルに2、Aを入れて混ぜ合わせる。

1週目

にんじんとオレンジのマリネ

材料 2人分2日分

にんじん…中1/4本
オレンジ…1/2個
A | レモン汁・酢
　| …各大さじ1
　| 砂糖…小さじ2

作り方

1 にんじんは細切りにし、オレンジは薄皮をむいて3等分に切る。
2 ボウルに1、Aを入れて混ぜ合わせる。

ごまダレ

材料 2人分2日分

白すりごま・みりん・
　マヨネーズ…各大さじ2
しょうゆ・酢…各小さじ2
砂糖…小さじ1

作り方

ボウルにすべての材料を入れて混ぜ合わせる。

21

1週目

Mon.

30分でできる！

煮込みハンバーグの献立

ハンバーグは最後に煮込むから
しっかり火が通るよ！
豆腐を入れることで
ふわふわの仕上がりに。
小さめサイズで作れば
お弁当のおかずにもなって
おすすめ！

メニュー

[主食]
ごはん

[汁物]
玉ねぎとしめじの
コンソメスープ

[主菜]
煮込みハンバーグ

[作りおき副菜1]
ほうれん草としめじの
ごま和え

[作りおき副菜2]
ほうれん草とコーンと
卵のマヨサラダ

[作りおき副菜3]
にんじんと
オレンジのマリネ

1週目

煮込みハンバーグの献立

1週目 Mon.

豆腐入りとは思えない！

Start

煮込みハンバーグ

材料　2人分／4個分

- 合いびき肉……300g
- 玉ねぎ……1/2個
- 木綿豆腐……1/2丁（150g）
- **A**
  - カットトマト（缶）……1/2缶（200g）
  - 中濃ソース・トマトケチャップ……各大さじ2
  - 顆粒ブイヨン……小さじ1/2
- パン粉……大さじ2
- 塩……ひとつまみ
- サラダ油……大さじ1
- パセリ（乾燥）……適量

付け合わせ

- ホールコーン（缶）、ミニトマト、ゆで卵

材料の下準備をする

1 玉ねぎはみじん切りにし、Aは混ぜ合わせる。

玉ねぎはみじん切りカッターを使うと楽ちん！細かくした方がひき肉と合わさって、肉汁を閉じ込めやすくなるよ。

Start

玉ねぎとしめじのコンソメスープ

材料　2人分

- 玉ねぎ……1/4個
- しめじ……50g
- 顆粒ブイヨン……小さじ1/2
- 粗びき黒こしょう……適量

材料の下準備をする

1 玉ねぎは薄切りにし、しめじは石づきを切り落としてほぐす。

24

| 10分 | 20分 | Finish!! 30分 |

② こねる

2 ボウルにひき肉、玉ねぎ、豆腐、パン粉、塩を入れて1分ほどこねる。4等分にして小判形に成形し、真ん中にくぼみを作る。

③ 焼く

3 フライパンにサラダ油を中火で熱し、2を入れて3分ほど焼く。上下を返したら蓋をして、弱火で4分ほど蒸し焼きにする。

④ 煮込む

4 ペーパータオルで余分な油を拭き取り、Aを加えて3分ほど煮込む。
5 器に盛り、パセリをふり、付け合わせを添える。

「煮込む」ことで火が通っているか心配しなくてOK！

1週目

① 火にかける

2 鍋に水400ml、1、ブイヨンを入れ、極弱火で具が柔らかくなるまで煮る。

3 器に盛り、粗びき黒こしょうをふる。

25

1週目

Tue.

甘酢チキンの献立

火が通りにくい根菜は
レンチンすると時短に！
お肉につけた片栗粉で
あんにとろみがつくから
失敗知らずなのも嬉しいポイント！
お肉はたらやさばなどのお魚に
代えても美味しいよ。

メニュー

|主食|
雑穀ごはん

|汁物|
コーンと卵の中華スープ

|主菜|
甘酢チキン

|作りおき副菜1|
れんこんとにんじんの
きんぴら

|作りおき副菜2|
ほうれん草とコーンと卵の
マヨサラダ

甘酢チキンの献立

1週目 Tue.

ジューシーな鶏肉と甘酢の組み合わせが後を引く！

Start

甘酢チキン

材料　2人分

- 鶏もも肉……2枚
- にんじん……中1/4本
- れんこん……30g
- ピーマン……2個
- 玉ねぎ……1/2個
- **A**
  - しょうが（チューブ）・にんにく（チューブ）・しょうゆ……各小さじ1
- 片栗粉……大さじ2
- **B**
  - ポン酢しょうゆ……大さじ3
  - 酒……大さじ2
  - みりん……大さじ1
  - 砂糖・片栗粉……各小さじ2
  - 鶏がらスープの素……小さじ1/2
- サラダ油……大さじ1

材料の下準備をする

1 野菜、鶏肉は一口大に切る。A、Bは混ぜ合わせる。

Start

コーンと卵の中華スープ

材料　2人分

- ホールコーン（缶）……大さじ3
- 溶き卵……2個分
- 鶏がらスープの素……小さじ2
- 水溶き片栗粉……片栗粉小さじ1＋水大さじ2
- 粗びき黒こしょう……適量

材料の下準備をする

1 ホールコーンは汁けをきる。

28

10分　　　　　　20分　　　　　　Finish!!
　　　　　　　　　　　　　　　　30分

下ごしらえをする

2 耐熱ボウルににんじん、れんこんを入れ、ラップをして電子レンジで2分加熱する。ボウルに鶏肉、**A**を入れて揉み込み、片栗粉をまぶす。

焼く

3 フライパンにサラダ油を中火で熱し、鶏肉を入れて3分ほど焼く。上下を返し、火が通るまで3分ほど焼く。

火が通りにくい
根菜は
レンチンで時短！

炒める／タレをからめる

4 野菜を加えて1分ほど炒めたら、**B**を加えて炒め合わせる。

1週目

火にかける

2 鍋に水500ml、**1**、鶏がらスープの素を入れ、極弱火にかける。

卵を加える

3 煮立ったら溶き卵を少しずつ加え、水溶き片栗粉を加えてとろみをつける。
4 器に盛り、粗びき黒こしょうをふる。

29

1週目

Wed.

30分でできる！

れんこんの挟み焼きの献立

れんこんは薄めに切ることで火の通りが早くなるよ。肉だねは100円均一にも売っているアイスディッシャーを使ってのせると、スピードアップ！

メニュー

主食
雑穀ごはん

汁物
わかめと豆腐のみそ汁

主菜
れんこんの挟み焼き

作りおき副菜1
ほうれん草と
にんじんのナムル

作りおき副菜2
れんこんとにんじんの
きんぴら

あともう一品
絹ごし豆腐＋ごまダレ

1
週目

1週目 Wed. れんこんの挟み焼きの献立

れんこんで挟むから、食べ応えのあるおかずに！

Start

れんこんの挟み焼き

材料　2人分 8〜10個分

合いびき肉……250g
れんこん……230g
（輪切り分200g、みじん切り分30g程度）
A　しょうが（チューブ）・しょうゆ
　　……各小さじ2
B　しょうゆ・みりん・酒
　　……各大さじ1
　　砂糖……小さじ1
サラダ油……大さじ1

付け合わせ
ミニトマト、サニーレタス

材料の下準備をする

1　れんこんは5mm厚さの輪切りを16〜18枚作り、水にさらす。残りはみじん切りにする。A、Bは混ぜ合わせる。

Start

わかめと豆腐のみそ汁

材料　2人分

木綿豆腐
　……1/2丁（150g）
わかめ（乾燥）……3g
顆粒和風だし……小さじ1
みそ……大さじ1と1/2

材料の下準備をする

1　豆腐は一口大に切る。

10分　　　　　　　20分　　　　　　Finish!!
　　　　　　　　　　　　　　　　　30分

2 こねる

2 ボウルにひき肉、みじん切りにしたれんこん、**A**を入れて5分ほどよくこねる。

3 挟む

3 れんこんの水けを拭き取り、アイスディッシャー（またはスプーン）で2をすくってのせ、挟む。

肉だねを挟んだら、ギュッと押しつけるとはがれにくいよ

4 焼く／タレをからめる

4 フライパンにサラダ油を中火で熱し、3を入れて3分ほど焼く。上下を返し、火が通るまで弱火で4分ほど焼く。**B**を加えて両面にからめる。
5 器に盛り、付け合わせを添える。

1週目

1 火にかける

2 鍋に水400ml、和風だし、わかめ、1を入れ、極弱火にかける。

5 みそを溶く

3 煮立ったらみそを加える。

もう一品！
豆腐＋ごまダレ（1人分）

絹ごし豆腐1/4丁にごまダレ（P21参照）、ラー油各適量をかける。

33

1週目

Thu.

30分でできる！

ピリ辛七味から揚げの献立

揚げ物にはさっぱりとした副菜を
添えるのがベスト！
にんじんとオレンジのマリネが
さわやかで相性バッチリ。
から揚げは七味唐辛子を
粉山椒や粗びき黒こしょうに
代える味変もおすすめ。

メニュー

主食
ごはん

汁物
ほうれん草と卵の
中華ポン酢スープ

主菜
ピリ辛七味から揚げ

作りおき副菜1
ほうれん草とにんじんのナムル

作りおき副菜2
にんじんとオレンジのマリネ

あともう一品
レタスとコーンのサラダ＋
ごまダレ

1週目 Thu.

ピリ辛七味から揚げの献立

おうちごはんならではの揚げ立てを召し上がれ！

Start

ピリ辛七味から揚げ

材料　2人分
- 鶏もも肉……2枚
- **A** しょうゆ・酒……各小さじ2
  　しょうが（チューブ）・にんにく（チューブ）……各小さじ1
- 片栗粉…大さじ2
- **B** しょうゆ・みりん・酒……各大さじ1
  　はちみつ……小さじ1
- 七味唐辛子……5ふり
- サラダ油……大さじ3

材料の下準備をする

1 鶏肉は一口大に切る。A、Bは混ぜ合わせる。

Start

ほうれん草と卵の中華ポン酢スープ

材料　2人分
- ほうれん草……2株
- 卵……2個
- ポン酢しょうゆ……大さじ2
- 鶏がらスープの素……小さじ2

材料の下準備をする

1 ほうれん草は一口大に切り、卵はボウルに割り入れる。

10分　20分　**Finish!! 30分**

下味をつける

2 ボウルに鶏肉、**A**を入れて揉み込み、冷蔵庫で10分ほどおく。片栗粉をまぶす。

揚げ焼きにする

3 フライパンにサラダ油を中火で熱し、**2**を入れて3分ほど揚げ焼きにする。上下を返し、火が通るまで4分ほど揚げ焼きにする。取り出してペーパータオル（または金網）にのせ、油をきる。

七味唐辛子をふる

4 **3**のフライパンに**B**を入れて少し煮詰め、とろみがついたら**3**を戻し入れてからめ、七味唐辛子をふる。

七味唐辛子をふる前に半分に分けて、2種にしてもいいかも！

1週目

火にかける

2 鍋に水400ml、ほうれん草、ポン酢しょうゆ、鶏がらスープの素を入れ、極弱火にかける。

卵を加える

3 煮立ったら卵を加え、中火で1分ほど煮る。

もう一品！
レタスとコーンのサラダ＋ごまダレ

器にちぎったサニーレタス、汁けをきったコーンを盛り、ごまダレ（P21参照）適量をかける。

37

1週目

Fri.

20分でできる！

タコライスの献立

タコライスは冷蔵庫の整理に
ぴったりな一品。炒める野菜は
残っているものでもOK！
にんじんやパプリカ、
しいたけも合う！
ひき肉は切る必要がないから
パパッと作れるよ。

メニュー

主食
タコライス

汁物
玉ねぎとにんじんの
トマトスープ

作りおき副菜
ほうれん草としめじの
ごま和え

あともう一品
オレンジ

1週目 Fri. タコライスの献立

卵をのせることで豪華さがマシマシ！

タコライス

材料　2人分
- 合いびき肉……250g
- 玉ねぎ……1/2個
- ピーマン……2個
- サニーレタス……3枚
- ミニトマト……4個
- 卵……1個
- A | 中濃ソース・トマトケチャップ……各大さじ2
  | しょうゆ・酒……各大さじ1
- サラダ油…大さじ1
- 温かいごはん……2膳分

Start

材料の下準備をする

1 玉ねぎ、ピーマンはみじん切りにする。サニーレタスは細切りにし、ミニトマトは4等分に切る。鍋に湯を沸かし、卵を入れてゆで卵にし、6等分の輪切りにする。Aは混ぜ合わせる。

玉ねぎとにんじんのトマトスープ

材料　2人分
- 玉ねぎ……1/4個
- にんじん……1/4本
- カットトマト缶……1/2缶（200g）
- 顆粒ブイヨン……小さじ2
- パセリ（乾燥）……適量

Start

材料の下準備をする

1 玉ねぎ、にんじんは粗みじん切りにする。

40

15分 Finish!! 20分

2 炒める

3 器に温かいごはんを盛り、レタス、2、ミニトマト、ゆで卵の順にのせる。

2 フライパンにサラダ油を中火で熱し、ひき肉、玉ねぎ、ピーマンを入れて炒める。ひき肉の色が変わったら**A**を加えて1分ほど炒める。

耐熱ボウルに材料をすべて入れてラップをして、電子レンジで7〜8分加熱しても作れるよ！

1週目

1 火にかける

3 器に盛り、パセリをふる。

2 鍋に水400ml、1、トマト、ブイヨンを入れ、極弱火で具が柔らかくなるまで煮る。

もう一品！
オレンジ

オレンジをくし形切りにする。

オレンジがあるだけで献立が華やかに！

41

Column

Hana の暮らし 1

お弁当のこと

お弁当を詰めるときは、ごはんを詰めてからメインのおかずを詰めるようにすると、綺麗に盛りつけられるよ！

とんかつ

きゅうりとにんじんのマリネ

卵焼き

お弁当は、炭水化物（ごはん）が50％、たんぱく質（メインのお肉のおかず＋ゆで卵or卵焼き）が30％、ビタミンや食物繊維（副菜の野菜のおかず1〜2品）が15％、彩りを良くする付け合わせ（トマトやレタス）が5％くらいになるようにしています。マンネリ感が出ないように、メインのおかずは同じ調理方法のものが続かないようにするのがポイント。例えば、揚げ物の次の日は炒め物……というようにするだけで、気分が変わるはず！ お弁当におすすめのメインおかずも紹介するから参考にしてね。

ちなみに、お弁当は夜寝る前に作ることが多いです！（夏などは朝にしているよ）。夜ごはんのおかずを取っておいて詰めているけど、足りないときは、パパッと作れるメインおかずを1品作って、作りおきの副菜を組み合わせています！

枝豆の串

ボロネーゼ

小松菜のごま和え

おすすめのメインおかず

ピリ辛七味唐揚げ……P36	梅しそチーズとんかつ……P110
青椒肉絲……P50	厚揚げの麻婆炒め……P144
さば缶春巻き……P102	

Column
Hanaの暮らし 2

家事のこと

　お部屋が綺麗に整頓されていると、自分の頭の中も綺麗に整頓されているような気がするから、掃除は毎日欠かさずしています。特に私はキッチンにいる時間が長いから、その日の汚れはその日のうちに綺麗にしているよ！ 毎回、その日の料理を作り終えたら、小さめのスポンジでコンロも作業台も、ゴシゴシ磨くようにしています。市販の安いスポンジを自分でカットして使い捨てで使っているのだけれど、「毎晩スポンジを捨てたら1日の終わり」というルーティーンが心地いい！ あとは、調理スペースをしっかり確保できるように、キッチンには、油、調味料3種、塩、砂糖だけ置くようにしています。料理中はシンクに洗い物がたまりがちだけど、手が空いた瞬間に片付けるように意識しているよ。

　ちなみに私はお料理とお掃除は好きだけど、洗濯物とゴミ出しは大の苦手……！ ふたり暮らしになってからは、パートナーと家事を分担するようにしています。

家事は分担して、それぞれが得意なことをやります！

ごはんが旨い！
2週目
ごはんどろぼうレシピ

仕事が終わって帰ってきたら、やっぱり食べたくなるのがほかほかごはん。ごはんが止まらなくなるしっかり味の献立をご紹介。テーブルに着くと同時に「いただきまーす！」と言いたくなるようなガッツリメニューを爆速で作りましょう♪ ごはんに合うおかずは多めに作って、次の日のお弁当に入れるのもおすすめだよ！

今週の使う食材

冷凍のお魚は保存できるから「すぐに使わなきゃ！」と焦らなくていいのが嬉しい♪
春雨は美味しいのはもちろん、カサ増しして満足感アップに！

買い物メモ

肉類

豚ロース薄切り肉……500g
鶏ひき肉……200g
たら（冷凍）……500g

その他たんぱく質食材

卵……1パック
ロースハム（4枚入り）
　……4パック

野菜類

玉ねぎ……2個
ピーマン……5個
ブロッコリー……1個
にんじん……1本
サニーレタス……1玉
長ねぎ……1本
ミニトマト……1パック
しいたけ……6個
じゃがいも……3個
たけのこ（水煮）……1袋（150g）

乾物

春雨……100g

食材合計＝**3,410**円

調味料・常備食品

基本調味料

しょうゆ／酒／みりん／酢／みそ／砂糖／塩／こしょう／粗びき黒こしょう

油

オリーブオイル／ごま油／サラダ油

だし＆スープの素

顆粒ブイヨン／顆粒和風だし／鶏がらスープの素

その他調味料

マヨネーズ／めんつゆ（3倍濃縮）／レモン汁／豆板醤／オイスターソース／にんにく（チューブ）／しょうが（チューブ）／粒マスタード／ラー油

常備食材

白いりごま／わかめ（乾燥）／あおさ粉／かつお節／片栗粉／赤唐辛子／小麦粉

2週目

2週目 今週の作りおき副菜

のり塩ポテサラ

材料　2人分2日分

じゃがいも……3個（300g）
A｜マヨネーズ……大さじ3
　｜あおさ粉……小さじ1
　｜塩……ひとつまみ

作り方

1. 耐熱ボウルに皮をむいたじゃがいもを入れ、ラップをして電子レンジで2～3分加熱する（またはゆでる）。
2. 1を形が残るくらいに軽くつぶし、Aを加えて混ぜ合わせる。

中華春雨サラダ

材料　2人分1日分

春雨（乾燥）……20g
ロースハム……4枚
にんじん……中1/8本
卵……1個
A｜酢……大さじ1
　｜ごま油・白いりごま・砂糖・
　｜しょうゆ……各小さじ2
ごま油……適量

作り方

1. 春雨は熱湯に2分ほどつけて戻しておく。ロースハム、にんじんは細切りにする。卵はボウルに割り入れて溶く。
2. フライパンにごま油を中火で熱し、溶き卵を流し入れて薄焼き卵にし、細切りにする。
3. ボウルに春雨、ロースハム、にんじん、2、Aを入れて混ぜ合わせる。

ミニトマトと玉ねぎのマリネ

材料　2人分2日分

ミニトマト……3個
玉ねぎ……1/2個
ロースハム……2枚
A｜レモン汁・酢
　｜　……各小さじ2
　｜砂糖……小さじ1

作り方

1. ミニトマト、玉ねぎは薄切りにし、ロースハムは1cm四方に切る。
2. ボウルに1、Aを入れて混ぜ合わせる。

卵とブロッコリーのサラダ

材料　2人分2日分
- 卵……2個
- ブロッコリー……100g
- ロースハム……4枚
- A
  - マヨネーズ……大さじ2
  - レモン汁・粒マスタード……各小さじ1
  - 粗びき黒こしょう……少々

作り方
1. 鍋に湯を沸かし、卵を入れてゆで卵にし、4等分に切る。
2. ブロッコリーは一口大に切り、ロースハムは細切りにする。
3. 耐熱ボウルにブロッコリーを入れ、ラップをして電子レンジで2分加熱する。
4. 1、ロースハム、Aを加えて混ぜ合わせる。

ペペロンブロッコリー

材料　2人分2日分
- ブロッコリー……100g
- ロースハム……2枚
- A
  - 赤唐辛子（輪切り）・にんにく（チューブ）……各小さじ1/2
  - 塩……ひとつまみ
- オリーブオイル……小さじ2

作り方
1. ブロッコリーは一口大に切り、ロースハムは1cm四方に切る。
2. 耐熱ボウルにブロッコリーを入れ、ラップをして電子レンジで2分加熱する。
3. フライパンにオリーブオイルを中火で熱し、2、ロースハム、Aを入れて2～3分ほど炒める。

2週目

ピーマンのおかか和え

材料　2人分1日分
- ピーマン……2個
- かつお節……1パック（2g）
- A
  - めんつゆ（3倍濃縮）・ごま油……各小さじ1
  - 砂糖……小さじ1/2

作り方
1. ピーマンは細切りにする。
2. 耐熱ボウルに1を入れ、ラップをして電子レンジで30秒加熱する。
3. かつお節、Aを加えて混ぜ合わせる。

47

2週目

Mon.

30分でできる！

青椒肉絲の献立

たけのこは
水煮を使うとGood！
下処理の手間が省けて、
1年中手に入るからおすすめ。
副菜に中華春雨サラダを添えて、
中華の献立を楽しんで！

メニュー

|主食|
ごはん

|汁物|
わかめスープ

|主菜|
青椒肉絲

|作りおき副菜1|
中華春雨サラダ

|作りおき副菜2|
卵とブロッコリーのサラダ

48

49

2週目 Mon. 青椒肉絲の献立

本格的な中華料理に挑戦！

Start

青椒肉絲

材料　2人分

豚ロース薄切り肉……200g
A｜しょうゆ・酒……各小さじ2
片栗粉……大さじ1
ピーマン……2個
たけのこ（水煮）……1/2袋（75g）
B｜オイスターソース……大さじ1
　｜しょうゆ・みりん・酒……各小さじ2
　｜鶏がらスープの素……小さじ1/2
ごま油……大さじ1

材料の下準備をする

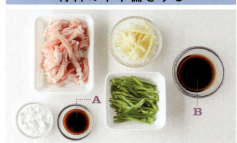

1　ピーマンはたけのこと同じくらいの太さの細切りにする。豚肉も同じくらいの大きさに切る。A、Bは混ぜ合わせる。

> たけのこ（水煮）の残りは保存容器に水を張ってから入れ、冷蔵庫で保存してね！

Start

わかめスープ

材料　2人分

長ねぎ……5cm
わかめ（乾燥）……3g
A｜白いりごま・鶏がらスープの素・ごま油……各小さじ2
　｜にんにく（チューブ）……小さじ1/2

材料の下準備をする

1　長ねぎは小口切りにする。

15分　　　　　　20分　　　　　　Finish!!
　　　　　　　　　　　　　　　　30分

2 下味をつける

2 ボウルに豚肉を入れ、Aを加えて揉み込み、片栗粉をまぶす。

> お肉に片栗粉をまぶしているから、水溶き片栗粉は必要なし！

3 炒める

3 フライパンにごま油を中火で熱し、2を入れて炒める。色が変わってきたらピーマン、たけのこを加えて3分ほど炒め合わせる。

4 タレをからめる

4 Bを加えて全体にからめる。

2週目

1 火にかける

2 鍋に水400ml、1、わかめを入れて極弱火にかけ、煮立ったらAを加える。

51

2週目

Tue.

30分でできる！

麻婆春雨の献立

春雨は乾燥のまま使うことで
野菜やタレの旨みを
吸収してくれて
美味しく仕上がるよ。
主菜とスープで
同じ食材を使うときは、
まとめて切ってから分けると
時短になるし楽ちん！

メニュー

主食
ごはん

汁物
サンラータン

主菜
麻婆春雨

作りおき副菜1
卵とブロッコリーのサラダ

作りおき副菜2
ペペロンブロッコリー

2週目

53

2週目 Tue. 麻婆春雨の献立

旨みをたっぷり吸った春雨が旨い！

麻婆春雨

材料　2人分

鶏ひき肉……200g
長ねぎ……10cm
にんじん……中1/4本
しいたけ……2個
春雨（乾燥）……70g
A ┃ しょうゆ・酒
　┃ 　……各大さじ1
　┃ 鶏がらスープの素・
　┃ みそ・豆板醤
　┃ 　……各小さじ1
　┃ しょうが（チューブ）・
　┃ にんにく（チューブ）
　┃ 　……各小さじ1/2
ごま油……大さじ1
長ねぎの青い部分
（小口切り）……適量

Start

材料の下準備をする

1 長ねぎはみじん切りにする。にんじんは細切り、しいたけは薄切りにする。Aは混ぜ合わせる。

> ひき肉の代わりに薄切りの豚肉や牛肉でも美味しく作れるよ！

サンラータン

材料　2人分

しいたけ……2個
にんじん……1/8本
長ねぎ……5cm
たけのこ（水煮）……30g
溶き卵……1個分
A ┃ しょうゆ……大さじ2
　┃ 酢……大さじ1
　┃ 鶏がらスープの素
　┃ 　……小さじ1
ラー油……適量

Start

材料の下準備をする

1 しいたけは薄切り、長ねぎは小口切り、にんじんは細切りにする。

15分 　　　　　20分 　　　　　Finish!!
　　　　　　　　　　　　　　　30分

炒める

2 フライパンにごま油を中火で熱し、ひき肉、長ねぎ、にんじん、しいたけを入れて炒める。

煮る

3 ひき肉の色が変わったら**A**、水300mlを加えて1分ほど煮る。

春雨を加える

4 春雨を加えて柔らかくなるまで煮る。
5 器に盛り、長ねぎの青い部分を散らす。

火にかける

2 鍋に水500ml、**A**を入れ、極弱火にかける。煮立ったら**1**、たけのこを加える。

卵を加える

3 再度煮立ったら溶き卵を少しづつ加え、中火で1分ほど煮る。
4 器に盛り、ラー油をたらす。

2週目

Wed.

30分でできる!*

たらのガーリックレモンソテーの献立

たらは冷凍を使うことで
節約になるし、
日持ちもするから大助かり!
臭みをとるために、
解凍時に出てきた水は
しっかり拭き取ってね。

── メニュー ──

[主食]
ごはん

[汁物]
ブロッコリーと
玉ねぎのコンソメスープ

[主菜]
たらのガーリック
レモンソテー

[作りおき副菜1]
のり塩ポテサラ

[作りおき副菜2]
ペペロンブロッコリー

*たらの解凍時間は除く

2週目 Wed. たらのガーリックレモンソテーの献立

淡白なたらには ガツンとした味つけで！

Start

たらのガーリックレモンソテー

材料　2人分
- たら（冷凍）……250g
- 塩・こしょう……各少々
- 小麦粉……大さじ2
- ブロッコリー……100g
- ミニトマト……4個
- A
  - レモン汁・酒……各大さじ1
  - 砂糖・にんにく（チューブ）……各小さじ1
  - 顆粒ブイヨン……小さじ1/2
  - 塩……ひとつまみ
- オリーブオイル……大さじ2

材料の下準備をする

1　たらは前日に冷蔵庫に移して（または電子レンジの解凍機能を使って）解凍する。ブロッコリーは一口大に切り、ミニトマトは半分に切る。Aは混ぜ合わせる。

Start

ブロッコリーと玉ねぎのコンソメスープ

材料　2人分
- ブロッコリー……30g
- 玉ねぎ……1/4個
- 顆粒ブイヨン……小さじ2
- 粗びき黒こしょう……適量

材料の下準備をする

1　ブロッコリーは小さめの一口大に切り、玉ねぎは1.5cm角に切る。

15分　　　20分　　　Finish!! 30分

2 下ごしらえをする

2 耐熱ボウルにブロッコリーを入れ、ラップをして電子レンジで1分加熱する。たらは水けを拭き取り、塩、こしょうをふり、小麦粉をまぶす。

3 焼く

3 フライパンにオリーブオイルを中火で熱し、たらを皮目を下にして入れて3分ほど焼く。上下を返し、カリッとするまで弱火で3分ほど焼く。

4 タレをからめる

4 ペーパータオルで余分な油を拭き取り、ブロッコリー、ミニトマト、Aを加えてからめながら1分ほど加熱する。

お魚の水けはペーパータオルでしっかり拭き取ってね

2週目

1 火にかける

2 鍋に水400ml、1、ブイヨンを入れ、極弱火にかけ、具が柔らかくなるまで煮る。

3 器に盛り、粗びき黒こしょうをふる。

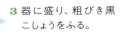

59

2週目

Thu.

30分でできる!*

たらの南蛮漬けの献立

南蛮漬けは
ボウルの中で味つけできるから、
楽ちん＆料理初心者さんにも
おすすめの一品。
たらはお肉に代えてもOK！
酸味があって
疲労が溜まった体の
リセットにもぴったり！

メニュー

[主食]
ごはん

[汁物]
わかめと卵の春雨スープ

[主菜]
たらの南蛮漬け

[作りおき副菜1]
ピーマンのおかか和え

[作りおき副菜2]
ミニトマトと玉ねぎのマリネ

＊たらの解凍時間は除く

2週目 Thu. たらの南蛮漬けの献立

たっぷりの野菜と一緒に食べる！

Start

たらの南蛮漬け

材料　2人分

- たら（冷凍）……250g
- 塩・こしょう……各少々
- 小麦粉……大さじ2
- 玉ねぎ……1/2個
- にんじん……中1/8本
- ピーマン……1個
- A
  - 酢……大さじ4
  - しょうゆ……大さじ2
  - 砂糖……大さじ1
  - 顆粒和風だし……小さじ1/2
  - 赤唐辛子（輪切り）……少々
- サラダ油……大さじ1

材料の下準備をする

1 たらは前日に冷蔵庫に移して（または電子レンジの解凍機能を使って）解凍する。玉ねぎは薄切りにし、にんじん、ピーマンは細切りにする。

> 南蛮漬けの野菜は細く切り揃えると、見栄えが良くなるよ！

Start

わかめと卵の春雨スープ

材料　2人分

- 長ねぎ……5cm
- わかめ（乾燥）……3g
- 春雨（乾燥）……10g
- 溶き卵……2個分
- A
  - 鶏がらスープの素……小さじ2
  - しょうゆ・白いりごま……各小さじ1

材料の下準備をする

1 長ねぎは斜め薄切りにする。

15分　　　　　　　20分　　　　　　Finish!!
　　　　　　　　　　　　　　　　　30分

下ごしらえをする

2 ボウルにAを入れて混ぜ合わせ、1の野菜を浸す。たらは水けを拭き取り、塩、こしょうをふり、小麦粉をまぶす。

焼く

3 フライパンにサラダ油を中火で熱し、たらを皮目を下にして入れて3分ほど焼く。上下を返したら蓋をして、弱火で5分ほど焼く。

漬ける

4 3を2のボウルに加えて3分ほど漬ける。

火にかける

2 鍋に水500ml、1、わかめ、Aを入れ、極弱火にかける。

卵を加える

3 煮立ったら春雨を加え、柔らかくなったら溶き卵を少しずつ加え、強火で30秒ほど煮る。

2週目

63

2週目

Fri.

お肉はどんな種類、
部位でもOK！
たっぷりのタルタルを
かけて食べてね。
タルタルは多めに作って、
次の日に卵サンドにするのも
おすすめだよ。

てりたまポークの献立

メニュー

主食
ごはん

汁物
野菜たっぷりコンソメみそ汁

主菜
てりたまポーク

作りおき副菜1
ミニトマトと玉ねぎのマリネ

作りおき副菜2
のり塩ポテサラ

2週目 Fri. てりたまポークの献立

> カリッと焼いた豚肉に
> たっぷりのタルタルが最高！

Start

てりたまポーク

材料　2人分

豚ロース薄切り肉
　……300g
塩・こしょう……各少々
小麦粉……大さじ2
卵……2個
玉ねぎ……1/4個

A｜マヨネーズ……大さじ2
　｜粒マスタード
　｜　……小さじ1

B｜しょうゆ・みりん
　｜　……各大さじ1
　｜砂糖……小さじ1
　｜にんにく（チューブ）
　｜　……小さじ1/2

サラダ油……大さじ1

付け合わせ
サニーレタス、
ミニトマト

材料の下準備をする／タルタルを作る

1 鍋に卵、かぶるくらいの水を入れて中火にかけ、10〜12分ゆでたら粗みじん切りにする。玉ねぎはみじん切りにする。ゆで卵、玉ねぎ、**A**を混ぜ合わせてタルタルを作る。**B**は混ぜ合わせる。

> ゆで卵を作っている間に
> 玉ねぎを切って、
> 調味料を混ぜ合わせて
> おくとGood！

Start

野菜たっぷりコンソメみそ汁

材料　2人分

玉ねぎ……1/4個
しいたけ……2個
ロースハム……2枚
顆粒ブイヨン……小さじ1
みそ……大さじ1と1/2

材料の下準備をする

1 玉ねぎは粗みじん切り、しいたけは薄切りにする。ロースハムは1cm四方に切る。

| 20分 | 25分 | Finish!! 30分 |

下味をつける

2 豚肉は塩、こしょうをふり、小麦粉をまぶす。

焼く

3 フライパンにサラダ油を中火で熱し、2を入れて片面2分ほどずつ焼く。

タレをからめる

4 火が通ったらBを加えてからめる。
5 器に4を盛り、タルタルをのせ、付け合わせを添える。

付け合わせは豆苗やパプリカに代えてもOK！安く買える彩り野菜を探してみてね！

火にかける

2 鍋に水500ml、1、ブイヨンを入れ、極弱火にかける。

みそを溶く

3 煮立ったらみそを加える。

Column
Hana の暮らし 3

ごはん作りと節約のこと

一汁三菜で
しっかり食べる！

1週間の食費の予算は、2人分の朝昼夜×5日間で4,500円〜5,500円ぐらい。この本の夜ごはんだけだと、3,000円台が目安です。節約はしたいけど、しっかりと食べることは大切にしているよ。買っている食材の割合はお肉とお魚で50％、野菜30％、その他（卵や豆腐など）20％くらいで、ひとり暮らしの頃と変わらないけれど、2人分となると買う量が増えるから、節約は続けています。お肉は必ずジャンボパックをチョイス！ お魚は使いやすい冷凍をよく買っているよ。ふるさと納税も駆使して、お米や保存のきく玉ねぎ、じゃがいもを選ぶようにしています！

外食についてたまに質問されますが、平日は基本的におうちで食べています。そうすることで、土日の外食がより一層楽しいなあと感じるのです。ご褒美を取り入れて、節約を楽しむことも大事なポイント！

Column **Hanaの暮らし 4**

週末のパン作り

週末はパン作りを楽しんでいます。自分で作ると買うより安いし、出来立てを食べられるのが最高！ここでは、最近よく作っているベーコンエピを紹介するよ。簡単だから、ぜひ作ってみて！

こねないベーコンエピ

材料　4本分

A
- 強力粉……150g
- 小麦粉……30g
- 砂糖……10g
- 塩……4g
- ドライイースト……3g

水……120ml
ロングベーコン…4枚
ピザ用チーズ…適量

作り方

1. ボウルにA、水を入れ、粉っぽさがなくなるまでヘラで混ぜる。まとまったらラップをして、常温で15〜20分休ませる。
2. 手を濡らして生地にパンチ（内側に生地を数回折りたたむ）を加える。ラップをして、オーブンの発酵機能を使い、35℃で30分ほど一次発酵させる。
3. 強力粉適量（分量外）をふり、生地を4等分にしたら、それぞれを縦長の長方形に伸ばす。ベーコンとピザ用チーズをのせ、左右から折りたたみ、とじ目をつまんで閉じる。
4. 天板にクッキングシートを敷き、3をのせ、オーブンの発酵機能を使い、35℃で30分ほど二次発酵させる。
5. 強力粉適量（分量外）をふり、ハサミで斜めに切り目を入れ、生地を左右にふる。
6. 250℃に予熱したオーブンに霧吹きで水を15回ほど吹きかけ、クッキングシートごとスライドさせて入れ、焼き色がつくまで13分ほど焼く。

3週目

ガッツリ肉を食べる!

食卓に出てくるとみんなのテンションが上がるのはやっぱりお肉! いろんな味つけや調理法でお肉をアレンジして、ボリュームと節約を同時に叶えるレシピを紹介するよ。お肉のメニューが続くから、副菜や汁もので野菜をしっかりとれるようにしました。たくさん食べて、体と心の両方に栄養をチャージしよう!

今週の使う食材

豆腐はメインや汁物、副菜にも使えるから、あると何かと便利！お肉をガッツリ食べたいときは、いろんな色の野菜があると献立が華やかに見えるからおすすめ。青じそやねぎなどの薬味、レモンもあると大活躍！

買い物メモ

［肉類］
豚ロース薄切り肉……500g
鶏もも肉……5枚（1kg）

［その他たんぱく質食材］
絹ごし豆腐……2丁
油揚げ……1袋（2枚入り）

［野菜類］
なす……5本
ミニトマト……1パック
トマト……1個
玉ねぎ……1個
長ねぎ……2本
レモン……1個
青じそ……10枚
小松菜……1束
オクラ（冷凍）……1袋（250g）

［その他］
天かす……1袋

食材合計＝**3,267円**

調味料・常備食品

［基本調味料］
しょうゆ／酒／みりん／酢／みそ／砂糖／塩／こしょう

［油］
オリーブオイル／ごま油／サラダ油

［だし＆スープの素］
顆粒ブイヨン／顆粒和風だし／鶏がらスープの素

［その他調味料］
マヨネーズ／めんつゆ（3倍濃縮）／ポン酢しょうゆ／レモン汁／豆板醤／はちみつ／トマトケチャップ／にんにく（チューブ）／しょうが（チューブ）

［常備食材］
白いりごま／わかめ（乾燥）／かつお節／片栗粉／塩昆布

3週目 今週の作りおき副菜

なすのナムル

材料　2人分2日分

なす……1と1/2本
A ごま油……大さじ1
　　白いりごま……小さじ2
　　鶏がらスープの素……小さじ1
　　塩……ひとつまみ

作り方

1. なすは小さめの乱切りにする。
2. 耐熱ボウルに1を入れ、ラップをしてしんなりするまで電子レンジで2〜3分加熱する。
3. Aを加えて混ぜ合わせる。

なすと小松菜のごま和え

材料　2人分2日分

なす……1本
小松菜……2株
A 白いりごま……大さじ1
　　めんつゆ（3倍濃縮）……小さじ2
　　砂糖……小さじ1

作り方

1. なすは小さめの乱切りにし、小松菜は一口大に切る。
2. 耐熱ボウルに1を入れ、ラップをして電子レンジで2〜3分加熱し、水けをきる。
3. Aを加えて混ぜ合わせる。

ミニトマトとオクラのおかか和え

材料　2人分1日分

ミニトマト……3個
オクラ（冷凍）……50g
青じそ……2枚
A かつお節……1パック(2g)
　　ポン酢しょうゆ……小さじ2

作り方

1. ミニトマトは4等分に切り、青じそは細切りにする。
2. 耐熱ボウルにオクラを入れ、ラップをして電子レンジで30秒加熱する。
3. 1、Aを加えて混ぜ合わせる。

オクラの塩昆布和え

材料　2人分2日分

オクラ（冷凍）……50g
A｜塩昆布……4g
　｜かつお節
　｜　……1パック(2g)
　｜しょうゆ……小さじ1

作り方

1 耐熱ボウルにオクラを入れ、ラップをして電子レンジで30秒加熱する。
2 Aを加えて混ぜ合わせる。

お揚げと小松菜の煮浸し

材料　2人分2日分

小松菜……2株
油揚げ……1枚
A｜水……大さじ5
　｜めんつゆ（3倍濃縮）
　｜　……大さじ2
　｜砂糖……小さじ1
　｜顆粒和風だし
　｜　……小さじ1/2

作り方

1 小松菜、油揚げは一口大に切る。
2 鍋に1、Aを入れて中火にかけ、小松菜がしんなりするまで煮る。

3週目

ミニトマトのねぎ和え

材料　2人分1日分

ミニトマト……5個
長ねぎ……15cm
レモン（スライス）……2枚
A｜レモン汁……大さじ2
　｜ごま油……大さじ1
　｜白いりごま・にんにく（チューブ）……各小さじ1
　｜鶏がらスープの素……小さじ1/2

作り方

1 ミニトマトは4等分に切り、長ねぎは粗みじん切りにする。レモンはいちょう切りにする。
2 ボウルに1、Aを入れて混ぜ合わせる。

お肉にのせたり、葉野菜と和えたりしても美味しいよ！

3週目

Mon.

30分でできる!

鶏なすたぬきの献立

天かすたっぷりの
たぬきうどんから
アイデアを得た一品。
味つけのめんつゆを
ポン酢しょうゆに
代えても美味！
天かすとマヨネーズの
こってり味に、
豆腐の副菜を添えると
バランスが良くなるよ。

メニュー

[主食]
ごはん

[汁物]
豆腐とお揚げのみそ汁

[主菜]
鶏なすたぬき

[作りおき副菜]
なすと小松菜のごま和え

[あともう一品]
オクラの塩昆布和え＋
絹ごし豆腐

3週目 Mon. 鶏なすたぬきの献立

めんつゆと天かすの間違いない組み合わせ

Start

鶏なすたぬき

材料　2人分
- 鶏もも肉……1枚
- 塩・こしょう……各少々
- 片栗粉……大さじ2
- なす……1本
- 青じそ……2枚
- 天かす……大さじ2
- A
  - 水……大さじ4
  - めんつゆ（3倍濃縮）……大さじ2
  - しょうが（チューブ）……小さじ1
- サラダ油……大さじ2
- マヨネーズ……適量

材料の下準備をする

1 なすは乱切りにし、青じそはせん切りにする。鶏肉は一口大に切る。Aは混ぜ合わせる。

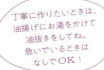

Start

豆腐とお揚げのみそ汁

材料　2人分
- 絹ごし豆腐……1/4丁（75g）
- 油揚げ……1枚
- 顆粒和風だし……小さじ1
- みそ……大さじ1と1/2

材料の下準備をする

1 豆腐、油揚げは一口大に切る。

丁寧に作りたいときは、油揚げにお湯をかけて油抜きをしてね。急いでいるときはなしでOK！

15分　　　　　20分　　　　Finish!!
　　　　　　　　　　　　　30分

2 下味をつける

2 鶏肉は塩、こしょうをふり、片栗粉をまぶす。

3 焼く

3 フライパンにサラダ油を中火で熱し、**2**、なすを入れて3分ほど焼く。上下を返したら蓋をして、弱火で2分ほど焼く。蓋を外して中火で1分ほど焼く。

4 器に盛り、**A**、マヨネーズをかけ、天かす、青じそをのせる。

> なすを焼くときは、油を少し多めにするとコクが出るよ！

1 火にかける

2 鍋に水400ml、**1**、和風だしを入れ、極弱火にかける。

4 みそを溶く

3 煮立ったらみそを加える。

もう一品！

オクラの塩昆布和え＋絹ごし豆腐（1人分）

絹ごし豆腐1/4丁（75g）にオクラの塩昆布和え（P73）、かつお節各適量をのせる。

3週目

Tue.

30分でできる！

ハニーガーリックポークの献立

お肉はあるけど
ほかの食材がない……
でもガッツリ食べたい！
そんなときに作りたいのが
ハニーガーリックポーク。
玉ねぎは薄く切れば
時短になるし、
少し厚めに切れば
食感とボリュームが
アップするよ。

メニュー

[主食]
雑穀ごはん

[汁物]
オクラとトマトの
レモンコンソメスープ

[主菜]
ハニーガーリックポーク

[作りおき副菜1]
なすと小松菜のごま和え

[作りおき副菜2]
ミニトマトとオクラのおかか和え

78

ハニーガーリックポークの献立

3週目 Tue.

甘辛い味つけが後を引く！

Start

ハニーガーリックポーク

材料　2人分
- 豚ロース薄切り肉……200g
- 塩・こしょう……各少々
- 片栗粉……大さじ1
- 玉ねぎ……1/2個
- A ｜ しょうゆ・酒・はちみつ……各大さじ1
  ｜ にんにく（チューブ）……小さじ1
- オリーブオイル……大さじ1

材料の下準備をする

1 玉ねぎは薄切りにする。

玉ねぎはスライサーで薄く切ると早く火が通ってGood！

Start

オクラとトマトのレモンコンソメスープ

材料　2人分
- オクラ（冷凍）……50g
- トマト……1/2個
- レモン……1/8個
- 顆粒ブイヨン……小さじ2
- オリーブオイル……小さじ1

材料の下準備をする

1 トマトは小さめの角切りに、レモンは薄いいちょう切りにする。

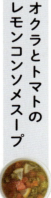

	15分	20分	Finish!! 30分

下味をつける

2 豚肉は塩、こしょうをふり、片栗粉をまぶす。

炒める

3 フライパンにオリーブオイルを中火で熱し、1、2を入れて炒める。

タレをからめる

4 玉ねぎが少ししんなりし、豚肉の色が変わったらAを加えて炒め合わせる。

3週目

火にかける

2 鍋に水400ml、すべての材料を入れ、極弱火で具が柔らかくなるまで煮る。

81

3週目

Wed.

30分でできる!

香味ダレチキンステーキの献立

お肉をカリッと焼くのが美味しさのポイント。香味ダレチキンステーキの上にみょうがや青じそをのせても美味しいよ。パンチのきいた主菜には、ほっと一息つける和の副菜を添えて。

メニュー

[主食]
雑穀ごはん

[汁物]
小松菜となすの
ポン酢スープ

[主菜]
香味ダレチキンステーキ

[作りおき副菜1]
お揚げと小松菜の煮浸し

[作りおき副菜2]
なすのナムル

香味ダレチキンステーキの献立

3週目 Wed.

ジューシーな鶏肉に さっぱりとした香味ダレが合う！

Start

香味ダレチキンステーキ

材料　2人分
- 鶏もも肉……2枚
- A｜しょうゆ・酒……各大さじ1
- 長ねぎ……10cm
- B｜しょうゆ・酢・ごま油……各大さじ1
- 　｜白いりごま……小さじ2
- 　｜しょうが（チューブ）・にんにく（チューブ）……各小さじ1/2
- サラダ油……大さじ2

材料の下準備をする

1 長ねぎはみじん切りにする。鶏肉は少し大きめに切る。A、Bは混ぜ合わせる。

> 長ねぎはみじん切りカッターを使うと時短に！

> 鶏肉を少し大きめに切ることで、ステーキ感がアップするよ！

Start

小松菜となすのポン酢スープ

材料　2人分
- 小松菜……1/2束
- なす……1/4本
- A｜ポン酢しょうゆ……大さじ2
- 　｜鶏がらスープの素……小さじ2

材料の下準備をする

1 小松菜は一口大に切り、なすはいちょう切りにする。

84

15分   20分   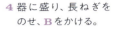
Finish!!
30分

下味をつける

2 ボウルに鶏肉、**A**を入れて揉み込む。

焼く

3 フライパンにサラダ油を中火で熱し、**2**を皮目を下にして入れて3分ほど焼く。上下を返し、火が通るまで3分ほど焼く。

4 器に盛り、長ねぎをのせ、**B**をかける。

火にかける

2 鍋に水400ml、すべての材料を入れ、極弱火で具が柔らかくなるまで煮る。

3週目

3週目

Thu.

30分でできる！

旨トマ鶏チリの献立

生のトマトを使うことで、
味が格段にレベルアップ！
辛いのが好きな人は豆板醤を
もう少しプラスしてOK！
辛いのが苦手な場合は
豆板醤はなしにして、
トマトケチャップを増やして
味を調節してね。

メニュー

[主食]
雑穀ごはん

[汁物]
オクラとなすのみそ汁

[主菜]
旨トマ鶏チリ

[作りおき副菜1]
お揚げと小松菜の煮浸し

[作りおき副菜2]
オクラの塩昆布和え

3週目

旨トマ鶏チリの献立

3週目 Thu.

フレッシュなトマトを使って、ワンランク上の味に

Start

旨トマ鶏チリ

材料　2人分
- 鶏もも肉……2枚
- 塩・こしょう……各少々
- 片栗粉……大さじ1
- トマト……1/2個
- 玉ねぎ……1/2個
- 長ねぎ……10cm
- A
  - マヨネーズ・トマトケチャップ……各大さじ1
  - 豆板醤……小さじ1
  - にんにく（チューブ）……小さじ1/2
- サラダ油……大さじ1

材料の下準備をする

1 トマトは小さめの角切りにし、玉ねぎ、長ねぎはみじん切りにする。鶏肉は一口大に切る。

Start

オクラとなすのみそ汁

材料　2人分
- なす……1/2本
- オクラ（冷凍）……50g
- 顆粒和風だし……小さじ1
- みそ……大さじ1と1/2

材料の下準備をする

1 なすはいちょう切りにする。

| 15分 | 20分 | Finish!! 30分 |

下味をつける

2 ボウルに鶏肉を入れ、塩、こしょうをふり、片栗粉をまぶす。

焼く

3 フライパンにサラダ油を中火で熱し、2を入れて3分ほど焼く。上下を返したら蓋をして、弱火で5分ほど焼く。

タレをからめる

4 野菜、Aを加えて1分ほど炒める。

> 時間がたつとトマトから水分が出てくるから、お弁当のおかずにするときは、入れない方が◎

3週目

火にかける

2 鍋に水400ml、和風だし、1、オクラを入れ、極弱火で煮る。

みそを溶く

3 煮立ったらみそを加える。

89

3週目

Fri.

25分でできる！

ねぎレモンポークの献立

リピート間違いなしの
絶品ねぎダレは、
焼いたお肉にかけるのはもちろん、
マリネに使ったり蒸したお魚に
かけたりしても美味しい！
薄切り肉はすぐ焼けるから
時短になっておすすめだよ！

メニュー

[主食]
ごはん

[汁物]
オクラと豆腐、
わかめの中華スープ

[主菜]
ねぎレモンポーク

[作りおき副菜1]
ミニトマトのねぎ和え

[作りおき副菜2]
なすのナムル

3週目

3週目 Fri. ねぎレモンポークの献立

やみつきのねぎレモンダレで食欲無限!

Start

ねぎレモンポーク

材料　2人分

豚ロース薄切り肉……300g
塩・こしょう……各少々
片栗粉……大さじ1
レモン……1/4個
A │ 長ねぎ(みじん切り)……15cm分
　　レモン汁……大さじ2
　　ごま油……大さじ1
　　白いりごま・にんにく(チューブ)……各小さじ1
　　鶏がらスープの素……小さじ1/2
ごま油……大さじ1

材料の下準備をする

1 レモンは薄い半月切りにする。Aは混ぜ合わせる。

Start

オクラと豆腐、わかめの中華スープ

材料　2人分

オクラ(冷凍)……50g
絹ごし豆腐……1/2丁(150g)
わかめ(乾燥)……4g
鶏がらスープの素……小さじ2
A │ しょうゆ・みりん・ごま油……各小さじ2

材料の下準備をする

1 豆腐は一口大に切る。

15分　　　20分　　　

下味をつける

2 豚肉は塩、こしょうをふり、片栗粉をまぶす。

焼く

3 フライパンにごま油を中火で熱し、2を入れて2分ほど焼く。上下を返し、カリッとするまで2分ほど焼いたら、レモンを加えてさっと炒める。

4 器に3を盛り、Aをかける。

お肉は
カリカリに焼くと
すごく美味しいよ！

火にかける

2 鍋に水400ml、すべての材料を入れ、極弱火で具が柔らかくなるまで煮る。

3週目

Column
Hanaの暮らし 5

共働きのスケジュール

SNSでよく聞かれるのが、共働きふたり暮らしになってからの1日のスケジュール!

私の仕事のある1日のタイムスケジュールを紹介します。

07:00　起床

08:00　朝ごはん(パンとコーヒー)

08:30　身支度

09:00　仕事開始
　　　　(重要な仕事や打ち合わせ)

12:00　昼ごはん
　　　　(おにぎりや前日の残り物)

12:30　仕事再開(編集作業)

16:00　ブレイクタイム
　　　　(チョコやコーヒーでひと息)

18:00　仕事終了

18:15　夜ごはん作り(爆速調理をしていくよ!)

18:45　夜ごはん

19:30　ジム

21:30　帰宅&SNS投稿

22:00　家事(お弁当作りやキッチンリセット)

22:30　ほっこりタイム

23:00　就寝

夜ごはんは2人分作って、私は先に食べるようにしているよ! パートナーとジムで合流したあと、家に帰ってきてから、彼は夜ごはんを食べています。その間に私はSNS投稿! 共働きだから、それぞれ負担がないように過ごしています。だからこそ、2人でひと息つくほっこりタイムを大切にしていて、休日は一緒にごはんを食べるようにしているよ。

以前は仕事を詰め込みすぎて、「燃え尽き症候群」みたいになったことも……

Column
Hana の暮らし 6

休日のごはんのこと

　365日、ずっと節約のために自炊していると思う人もいるかもしれないけれど、平日5日間しっかり料理をしている分、休日はあまり気合を入れて作らないことがほとんど。食べてみたかったお店に行くこともあれば、気になっていたインスタントラーメンを買ってみることも！（辛いインスタントラーメンが好きで、もやしやキャベツ、レタス、きのこなど、そのとき冷蔵庫に余っている野菜をモリモリ入れているよ！）。
　平日と休日でメリハリをつけて、息抜きすることが大事。料理をしない日が1日あると、「あー、料理したい！」というモチベーションが湧いてきます。
　あとは、チャレンジしてみたかった料理を作ることも料理を好きでいるための秘訣で、最近のヒットは、麻辣湯。自分の"気になる！"を探究している時間ほど幸せなものはないなあ……と思っています。

4週目
楽しく作れるアイデアレシピ

「とんかつに春巻き、チーズスティック!? 絶対に作るのめんどくさいじゃん!」みんながそう思う"手間かかりレシピ"をHana流にアレンジ! 火が早く通るように工夫したり、作る手間自体を省いたり……「忙しいけど、美味しいごはんを作りたい!」というみんなの願いを叶えるアイデアを盛り込みました。週末に友だちや家族が集まったときに出せば、みんなが笑顔になること間違いなし!

今週の使う食材

豚肉の薄切りは鶏肉に比べると、比較的すぐに火が通るから、時間がないときの献立の味方！何かを挟んだり、巻いたりすることでボリュームアップも簡単♪

買い物メモ

肉類

豚バラ薄切り肉……200g
豚ロース薄切り肉……400g

その他たんぱく質食材

卵……1パック
さば缶（水煮）……2缶
ちくわ……1袋（10本入り）
厚揚げ……1袋
絹ごし豆腐……1丁
かに風味かまぼこ……1パック（8本入り）

野菜類

青じそ……10枚
にら……2束
えのきだけ……1袋
長ねぎ……1本
小松菜……1束
にんじん……1本
枝豆（冷凍）……1袋
きゅうり……1本
玉ねぎ……1個
ミニトマト……1パック
サニーレタス……1玉

その他

春巻きの皮……1袋
白菜キムチ……1パック
梅肉（チューブ）……1本
ピザ用チーズ……1袋
マカロニ……1袋
もずく……3パック

食材合計＝**3,629**円

調味料・常備食品

基本調味料

しょうゆ／酒／みりん／酢／みそ／砂糖／塩／こしょう／粗びき黒こしょう

油

ごま油／サラダ油

だし＆スープの素

顆粒ブイヨン／顆粒和風だし／鶏がらスープの素

その他調味料

マヨネーズ／トマトケチャップ／中濃ソース／めんつゆ（3倍濃縮）／レモン汁／コチュジャン／にんにく（チューブ）／しょうが（チューブ）

常備食材

白いりごま／白すりごま／わかめ（乾燥）／あおさ粉／かつお節／片栗粉／小麦粉／パン粉

4週目

4週目 今週の作りおき副菜

かにかまときゅうりのコロコロサラダ

材料　2人分2日分

枝豆（冷凍）……正味50g
かに風味かまぼこ……3本
きゅうり……1/2本
A | マヨネーズ……大さじ1
　 | レモン汁……小さじ2
　 | 砂糖……小さじ1

作り方

1. 枝豆は解凍する。かに風味かまぼこは1cm幅に切り、きゅうりは1cm角に切る。
2. ボウルに **1**、**A** を入れて混ぜ合わせる。

小松菜とにんじんのおかか和え

材料　2人分2日分

小松菜……1株
にんじん……1/4本
かつお節……1パック（2g）
A | めんつゆ（3倍濃縮）……小さじ2
　 | しょうが（チューブ）……小さじ1/2

作り方

1. 小松菜は一口大に切り、にんじんは細切りにする。
2. 鍋に湯を沸かし、**1** を入れてさっとゆでて水けをきる。
3. ボウルに **2**、**A**、かつお節を入れて和える。

ごまキムチ

材料　2人分2日分

白菜キムチ……50g
長ねぎ……5cm
A | ごま油……小さじ2
　 | 白いりごま……小さじ1

作り方

キムチ、長ねぎはみじん切りにしてボウルに入れ、**A** を加えて混ぜ合わせる。

枝豆チーズスティック

材料　2人分1日分
春巻きの皮……2枚
枝豆（冷凍）……正味40g
ピザ用チーズ……40g
サラダ油……大さじ1

作り方
1 枝豆は解凍する。
2 春巻きの皮に 1、ピザ用チーズをのせて巻く。
3 フライパンにサラダ油を中火で熱し、2 を入れてカリッとするまで焼く。

枝豆とマカロニ、卵のサラダ

材料　2人分2日分
枝豆（冷凍）……正味30g
マカロニ（乾燥）……50g
ゆで卵……2個
A ｜ マヨネーズ……大さじ3
　　｜ 酢・砂糖……各小さじ2
　　｜ 顆粒ブイヨン……小さじ1/2
　　｜ 粗びき黒こしょう……少々

作り方
1 枝豆は解凍する。ゆで卵はくし形切りにする。
2 鍋に湯を沸かし、マカロニを袋の表示通りにゆでて水けをきる。
3 ボウルに 1、2、A を入れて混ぜ合わせる。

4週目

作りおきだから、ゆで卵はかために作ってね

かにかまと小松菜と もずくの酢の物

材料　2人分2日分
小松菜……1株
もずく……1パック
かに風味かまぼこ……2本
A ｜ 酢……大さじ1
　　｜ 白いりごま・砂糖……各小さじ1
　　｜ 顆粒和風だし……小さじ1/2

作り方
1 小松菜は一口大に切る。
2 鍋に湯を沸かし、1 を入れてさっとゆで、水けを絞る。
3 ボウルに 2、A、もずくを入れ、かに風味かまぼこを裂いて加えて混ぜ合わせる。

4週目

Mon.

30分でできる!

さば缶で作る2種の春巻きの献立

さば缶はそのままでも食べられるから、中に火が通っているか心配しなくて大丈夫！春巻きはコロコロと転がして全面を美味しそうなきつね色に揚げ焼きしてね。

メニュー

主食
雑穀ごはん

汁物
豆腐とわかめのみそ汁

主菜
さば缶で作る
2種の春巻き

作りおき副菜1
枝豆とマカロニ、
卵のサラダ

作りおき副菜2
小松菜とにんじんの
おかか和え

4週目

4週目 Mon. さば缶で作る2種の春巻きの献立

> 栄養満点のさば缶を使ってボリューミーな一品!

Start

さば缶で作る2種の春巻き

材料　2人分／8本分

さば缶（水煮）……2缶
　（正味200〜240g）
青じそ……4枚
梅肉（チューブ）……大さじ1
ピザ用チーズ……40g
白菜キムチ……50g
春巻きの皮……8枚
水溶き片栗粉
　……片栗粉小さじ1＋
　水大さじ2
サラダ油……大さじ4

付け合わせ
ミニトマト

材料の下準備をする

1　青じそは細切りにする。ボウルに汁けをきったさばを入れてほぐす。

Start

豆腐とわかめのみそ汁

材料　2人分

絹ごし豆腐
　……1/4丁（75g）
わかめ（乾燥）……4g
顆粒和風だし……小さじ1
みそ……大さじ1と1/2

材料の下準備をする

1　豆腐は一口大に切る。

102

15分　　　20分　　　**Finish!!** 30分

② あんを作る

2 ボウルにさば1缶分を入れ、梅肉、ピザ用チーズ、半量の青じそを加えて混ぜる。別のボウルに残りのさばを入れ、キムチ、残りの青じそを加えて混ぜる。

③ 巻く

3 春巻きの皮に2の1種を1/4量ずつのせて巻き、巻き終わりを水溶き片栗粉でとめる。同様にもう1種も作る。

> 見た目から中身がわかりづらいから、1種類ずつ揚げるといいよ！

④ 揚げ焼きにする

4 フライパンにサラダ油を中火で熱し、小さな気泡が出てきたら3を入れ、コロコロ転がして両面に油を吸収させる。こんがりとした色になるまで4分ほど揚げ焼きにする。
5 器に盛り、付け合わせを添える。

4週目

① 火にかける

2 鍋に水500ml、1、わかめ、和風だしを入れ、極弱火にかける。

⑤ みそを溶く

3 煮立ったらみそを加える。

103

4週目

Tue.

30分でできる！

にら玉豚キムチの献立

キムチはしっかりと炒めることで
旨みがアップ！
溶き卵は空いたスペースで
炒めることで、
綺麗な黄色を保てるよ！
にんにくの香るスープを添えて、
スタミナ献立の完成。

メニュー

[主食]
雑穀ごはん

[汁物]
わかめとにんじん、
玉ねぎの韓国風スープ

[主菜]
にら玉豚キムチ

[作りおき副菜]
かにかまと小松菜と
もずくの酢の物

[あともう一品]
絹ごし豆腐＋ごまキムチ

4週目

4週目 Tue. にら玉豚キムチの献立

疲労回復にガッツと食べたい！

Start

にら玉豚キムチ

材料　2人分
- 豚バラ薄切り肉……200g
- 玉ねぎ……1/2個
- 長ねぎ……10cm
- にら……1/2束
- 溶き卵……1個分
- 白菜キムチ……50g
- A
  - しょうゆ・みりん……各小さじ2
  - にんにく（チューブ）……小さじ1
  - 鶏がらスープの素……小さじ1/2
- ごま油……大さじ1

材料の下準備をする

1　玉ねぎはくし形切り、長ねぎは斜め薄切りにし、にらは3cm長さに切る。豚肉は一口大に切る。

Start

わかめとにんじん、玉ねぎの韓国風スープ

材料　2人分
- にんじん……中1/8本
- 玉ねぎ……1/4個
- わかめ（乾燥）……3g
- A
  - 鶏がらスープの素……小さじ2
  - ごま油……小さじ1
  - にんにく（チューブ）……小さじ1/2
- 白いりごま……適量

材料の下準備をする

1　にんじんは細切り、玉ねぎは薄切りにする。

煮立てているときに戻るから、わかめはそのまま使ってOK！

106

15分　20分　Finish!! 30分

② 炒める

2 フライパンにごま油を中火で熱し、豚肉、玉ねぎ、長ねぎ、にら、キムチを入れて炒める。

③ タレをからめる

3 豚肉の色が変わり、野菜がしんなりしてきたら**A**を加えて炒め合わせる。

④ 卵を加える

4 フライパンの中央を空け、溶き卵を加えてさっと火を通してから全体を炒め合わせる。

4週目

① 火にかける

2 鍋に水400ml、**1**、わかめ、**A**を入れ、極弱火にかけ、具が柔らかくなるまで煮る。

3 器に盛り、白いりごまをふる。

> **もう一品！**
> # 絹ごし豆腐＋ごまキムチ（1人分）
>
> 絹ごし豆腐1/4丁（75g）にごまキムチ（P98）適量をのせる。

107

4週目

Wed.

30分でできる！

梅しそチーズとんかつの献立

火の通りが心配なとんかつ。
このレシピは
薄切り肉を使うから、
簡単に作れるよ！
フォークで端を
しっかりとつぶせば、
チーズが溶け出す心配もなし！

メニュー

[主食]
雑穀ごはん

[汁物]
にらかに玉スープ

[主菜]
梅しそチーズとんかつ

[作りおき副菜1]
かにかまときゅうりの
コロコロサラダ

[作りおき副菜2]
かにかまと小松菜と
もずくの酢の物

梅しそチーズとんかつの献立

4週目 Wed.

梅しそのさっぱりとした後味が◎

梅しそチーズとんかつ

Start

材料　2人分
- 豚ロース薄切り肉……8枚（200g）
- 青じそ……4枚
- 梅肉（チューブ）……大さじ1
- ピザ用チーズ……50g
- 塩・こしょう……各適量
- A｜小麦粉・水……各大さじ4
- パン粉……大さじ4〜6
- B｜中濃ソース……大さじ3
  　トマトケチャップ……大さじ1
  　白すりごま……小さじ2
- サラダ油……大さじ5

付け合わせ
サニーレタス、ミニトマト

材料の下準備をする

1　青じそは半分に切る。A、Bは混ぜ合わせる。

にらかに玉スープ

Start

材料　2人分
- にら……2本
- かに風味かまぼこ……2本
- 溶き卵……1個分
- A｜鶏がらスープの素……小さじ2
  　しょうゆ・ごま油……各小さじ1

材料の下準備をする

1　にらは一口大に切り、かに風味かまぼこは裂く。

15分	20分	Finish!! 30分
### 挟む  **2** 豚肉を広げ、梅肉を1/8量、青じそを1切れ、ピザ用チーズを1/8量ずつ順にのせる。半分に折りたたみ、端をフォークでつぶしてとめる。	### 衣をつける  **3** 2をAにつけ、パン粉をまぶす。 パン粉を1粒落としてみて、すぐに浮き上がってきたら適温だよ！	### 揚げる  **4** フライパンにサラダ油を中火で熱し、小さな気泡が出てきたら3を入れ、火が通るまで揚げる。 **5** 器に盛り、Bをかけ、付け合わせを添える。

4週目

火にかける

2 鍋に水400ml、**1**、Aを入れ、極弱火にかける。

卵を加える

3 煮立ったら溶き卵を少しずつ加え、中火で1分ほど煮る。

111

4週目

Thu.

30分でできる!

厚揚げを主役にすることで、
ボリュームアップ&
節約を叶えるよ!
辛いのが苦手な人は、
コチュジャンを減らして
トマトケチャップに代えると◎。

厚揚げと豚肉のヤンニョム炒めの献立

メニュー

[主食]
雑穀ごはん

[汁物]
野菜たっぷり
キムチスープ

[主菜]
厚揚げと豚肉の
ヤンニョム炒め

[作りおき副菜1]
枝豆チーズスティック
*トースターで焼き直すと美味しさアップ!

[作りおき副菜2]
枝豆とマカロニ、卵のサラダ

4週目 Thu. 厚揚げと豚肉のヤンニョム炒めの献立

Start

ピリッと辛くてごはんが進む！

厚揚げと豚肉のヤンニョム炒め

材料　2人分

豚ロース薄切り肉……200g
片栗粉……大さじ1
厚揚げ……300g
ピザ用チーズ……40g
A ｜ 酒・コチュジャン・トマトケチャップ……各大さじ1
　　｜ 砂糖・みりん・しょうゆ・しょうが(チューブ)・にんにく(チューブ)……各小さじ1
サラダ油……大さじ1

材料の下準備をする

1 厚揚げ、豚肉は一口大に切る。Aは混ぜ合わせる。

Start

野菜たっぷりキムチスープ

材料　2人分

玉ねぎ……1/4個
にら……1/2束
白菜キムチ……50g
えのきだけ……1/4袋
わかめ(乾燥)……3g
鶏がらスープの素……小さじ2
みそ……大さじ1

材料の下準備をする

1 玉ねぎは薄切りにし、にらは3cm長さに切る。えのきだけは石づきを切り落として3cm長さに切る。

| 15分 | 20分 | 25分 | **Finish!!** 30分 |

2 下ごしらえをする

2 豚肉は片栗粉をまぶす。

3 炒める

3 フライパンにサラダ油を中火で熱し、2、厚揚げを入れて炒める。

4 タレをからめる

4 豚肉の色が変わったらAを加えてからめる。

5 チーズを溶かす

5 ピザ用チーズをのせて蓋をし、溶けるまで1分ほど蒸し焼きにする。

1 火にかける

2 鍋に水400ml、1、わかめ、キムチを入れ、極弱火にかける。

6 みそを溶く

3 煮立ったら鶏がらスープの素を加え、みそを加える。

4週目

Fri.

4週目

20分でできる!

チーズ入り磯辺揚げの献立

磯辺揚げを揚げる工程が一番最後になるように、チャーハンやスープは先に仕上げておこう！チャーハンは作りおきのごまキムチを使うから、味つけも楽ちんだよ！

メニュー

［主食／あともう一品］
キムチチャーハン

［汁物］
えのきともずくのスープ

［主菜］
チーズ入り磯辺揚げ

［作りおき副菜1］
かにかまときゅうりの
コロコロサラダ

［作りおき副菜2］
小松菜とにんじんのおかか和え

116

チーズ入り磯辺揚げの献立

4週目 Fri.

ちくわの旨みと
あおさの香ばしさの相性抜群！

Start

チーズ入り磯辺揚げ

材料　2人分

ちくわ……10本
ピザ用チーズ……30g
A │ 水……大さじ6
　│ 小麦粉・片栗粉
　│ 　……各大さじ3
　│ あおさ粉
　│ 　……大さじ1と1/2
　│ 塩……ひとつまみ
ごま油……大さじ2〜3

材料の下準備をする

1 Aは混ぜ合わせる。

Start

えのきともずくのスープ

材料　2人分

えのきだけ……1/4袋
長ねぎ……5cm
もずく……2パック
A │ めんつゆ（3倍濃縮）
　│ 　……大さじ1
　│ 和風顆粒だし
　│ 　……小さじ2

材料の下準備をする

1 えのきだけは石づきを切り落として半分の長さに切り、長ねぎは斜め薄切りにする。

15分 **Finish!! 20分**

下ごしらえをする

2 ちくわは両端は切らないように真ん中に切り込みを入れ、ピザ用チーズを3gずつ詰める。

揚げ焼きにする

3 フライパンにごま油を中火で熱し、**2**を**A**にくぐらせてから入れ、カリッとするまで揚げ焼きにする。

> バッター液（**A**）はゆるいから、ちくわをくぐらせたらすぐにフライパンへ入れてね！

4週目

火にかける

2 鍋に水400ml、**1**、もずく、**A**を入れて極弱火にかけ、具が柔らかくなるまで煮る。

もう一品！
キムチチャーハン（2人分）

フライパンにごま油小さじ1を入れて中火で熱し、ごはん2膳分、ごまキムチ（P98）適量、溶き卵1個分、鶏がらスープの素小さじ1、しょうゆ小さじ2を入れて炒める。

119

Column **Hanaの暮らし 7**

私の料理、Before → After

「昔から料理は得意だった？」と聞かれることが多いけど、実は、はじめから得意だったわけじゃなく、どちらかというと苦手でした。だから、写真のBefore→Afterになるまでには、いろんなレシピ本を見て、料理の基本をしっかりと理解するようにしたよ。少しずつ「わかる！」を増やしていくことで、料理が楽しいと思えるようになったし、自己流を一度やめてみたことは、私にとっての転機だったと思います。

料理を楽しいと思うには、目標を持つことが大切！自炊して節約したお金で旅行に行きたいとか、欲しかったものを買いたいとか、大切な人に美味しいものを食べさせたいとか、何でもいいから、叶えたいことを具体的に思い描くと、続ける励みになるはず。料理が苦手で続かない人は、最初のうちはメインのおかずだけを作って、みそ汁はインスタントに、副菜は惣菜にするというように、ハードルを下げて「無理せず継続していくこと」を意識してみるといいと思います♪

Column Hanaの暮らし 8

日々を幸せに暮らすには

SNSでよくいただく質問です。幸せかぁ……私が思う「幸せに暮らすコツ」は、自分の周りにある小さな幸せに気づくこと……かなぁ。

実を言うと、私はずっと幸せを「得るもの」だと思い込んでいました。例えばそれは、有名になったり、特別な物を手にしたり、贅沢をしたりといったこと。何かを得る、"だから"幸せってね。もちろん、幸せは"感じること"だから、形は人それぞれ。でも、私にとって必要だったのは、日常の中で"幸せ"を上手に見つけられるようになることでした。いつもの景色を見て「何も変わらない」と思うのか、「あ、今日は空が綺麗だな」と心が動く瞬間を見つけられるのか。幸せ探しが上手になればなるほど、「幸せキャッチャー」が作動して、自分がハッピーでいられると思うのです。ただ、忙しすぎたり、余裕がなくなったりすると幸せキャッチャーが作動しなくなることもあるから、改善に励みたいと思います！

5週目

おうち居酒屋にもぴったり！

餃子やお好み焼きなど、手間がかかるけど無性に食べたくなる料理を、簡単に爆速で作れるようにアレンジしたよ。1日頑張ったご褒美に、ビールやサワーをグビッと決めて、明日の活力に！パートナーと過ごす時間も、居酒屋風にするだけでいつもと違う楽しさがあっておすすめ。副菜のマリネやきんぴらは特にお酒との相性ぴったりです。

今週の使う食材

セロリやキャベツ、厚揚げなど
いろんな食感を楽しめる
食材をサブとして購入することで
お肉と合わせて無限の献立アイデアが広がるよ！
また、キャベツなどの
大きい野菜はメインに副菜に、大活躍間違いなし！

買い物メモ

肉類
豚ひき肉……550g
豚バラ薄切り肉……400g

その他たんぱく質食材
卵……1パック
厚揚げ……1袋

野菜類
キャベツ……1玉
にら……1束
セロリ……2本
しょうが……1個
豆苗……1袋
もやし……1袋
長ねぎ……1本
サニーレタス……1玉
ミニトマト……1パック
にんじん……1本

その他
ワンタンの皮……1袋
こんにゃく……1枚
生ひじき……1パック

食材合計＝**3,094**円

調味料・常備食品

基本調味料
しょうゆ／酒／みりん／酢／みそ／砂糖／塩／こしょう／粗びき黒こしょう

油
オリーブオイル／ごま油

だし&スープの素
顆粒ブイヨン／顆粒和風だし／鶏がらスープの素

その他調味料
マヨネーズ／お好み焼きソース／ポン酢しょうゆ／レモン汁／豆板醤／オイスターソース／にんにく（チューブ）／しょうが（チューブ）

常備食材
白いりごま／白すりごま／あおさ粉／わかめ（乾燥）／かつお節／パセリ（乾燥）／片栗粉

5週目

5週目 今週の作りおき副菜

キャベツとにんじんのコールスロー

材料　2人分2日分

キャベツ……100g
にんじん……中1/4本
塩……適量
A マヨネーズ……大さじ2と1/2
　 レモン汁……大さじ1
　 砂糖……小さじ2

作り方

1 キャベツ、にんじんはせん切りにする。合わせてボウルに入れ、塩を加えて揉み込み、10分ほどおいたら水けを絞る。
2 別のボウルに1、Aを入れて混ぜ合わせる。

キャベツとひじきの和風ごまサラダ

材料　2人分2日分

キャベツ……150g
にんじん……中1/4本
生ひじき……30g
A しょうゆ・白いりごま・酢
　 ……各小さじ2
　 顆粒和風だし・ごま油
　 ……各小さじ1

作り方

1 キャベツ、にんじんはせん切りにする。
2 鍋に湯を沸かし、1、ひじきを入れて3分ほどゆで、水けを絞る。
3 ボウルに2、Aを入れて混ぜ合わせる。

セロリとミニトマトの中華サラダ

材料　2人分1日分

セロリ……1/2本
ミニトマト……4個
A 酢……大さじ2
　 しょうゆ……大さじ1/2
　 砂糖・ごま油……各小さじ1
　 白いりごま……小さじ1/2

作り方

1 セロリは斜め薄切りにし、ミニトマトは4等分に切る。
2 ボウルに1、Aを入れて混ぜ合わせる。

ひじきとしょうがのきんぴら

材料　2人分2日分
生ひじき……30g
にんじん……中1/4本
こんにゃく……1/2枚
しょうが……1かけ
A｜しょうゆ・みりん・酒
　　……各大さじ1
　｜砂糖・顆粒和風だし・
　　白いりごま……各小さじ1
ごま油……小さじ2

作り方
1 にんじん、こんにゃく、しょうがは細切りにする。
2 フライパンにごま油を中火で熱し、1、ひじきを入れてしんなりとするまで炒めたら、Aを加えて汁けが少なくなるまで炒める。

こんにゃく田楽

材料　2人分2日分
こんにゃく……1/2枚
塩……ひとつまみ
A｜砂糖・みそ……各大さじ2
　｜みりん・酒……各小さじ2
　｜白すりごま……適量

作り方
1 こんにゃくはサイコロ状に切り、塩をふって揉み込み、1分ほどおく。
2 鍋に湯を沸かし、1を入れて1〜2分ゆでて水けをきる。
3 耐熱ボウルにAを入れ、ラップをせずに電子レンジで40秒加熱して混ぜ合わせる。
4 3に2を加えて和える。

5週目

にんじんとセロリのマリネ

材料　2人分1日分
にんじん……中1/4本
セロリ……1/2本
A｜レモン汁……大さじ1と1/2
　｜砂糖・オリーブオイル……各小さじ1
　｜パセリ(乾燥)……適量

作り方
1 にんじんは細切り、セロリは斜め薄切りにする。
2 ボウルに1、Aを入れて混ぜ合わせる。

5週目

Mon.

簡単ちび餃子の献立

キャベツはみじん切りカッターを
使うと時短になるし、
ひき肉とのまとまりも良くなって
おすすめだよ。
スープのワンタンは
食べる直前に入れるのが
美味しさのコツ！

メニュー

[主食]
ごはん

[汁物]
ワンタンスープ

[主菜]
簡単ちび餃子

[作りおき副菜1]
ひじきとしょうがのきんぴら

[作りおき副菜2]
セロリとミニトマトの
中華サラダ

5週目 Mon. 簡単ちび餃子の献立

野菜の旨みをしっかり感じる！

Start

簡単ちび餃子

材料　2人分／15〜20個分

豚ひき肉……200g
キャベツ……100g
にら……2本
長ねぎ……5cm
ワンタンの皮……15〜20枚
塩……適量
A ｜ しょうが（チューブ）・
　　 しょうゆ・酒・
　　 オイスターソース・
　　 ごま油……各小さじ2
　　 にんにく（チューブ）
　　 ……小さじ1
　　 鶏がらスープの素
　　 ……小さじ1/2
ごま油……大さじ1

材料の下準備をする

1　キャベツはみじん切りにしてボウルに入れ、塩を加えて揉み込み、5分ほどおいたら水けを絞る。にら、長ねぎもみじん切りにする。Aは混ぜ合わせる。

Start

ワンタンスープ

材料　2人分

ワンタンの皮……4〜6枚
豆苗……1/3袋
長ねぎ……5cm
A ｜ しょうゆ・酒
　　 ……各小さじ2
　　 鶏がらスープの素
　　 ……小さじ1

材料の下準備をする

1　豆苗は根元を切り落として一口大に切り、長ねぎは小口切りにする。

| 15分 | 20分 | Finish!! 30分 |

② こねる

2 ボウルにひき肉、1を入れて1分ほどよくこねる。

③ 巻く

3 ワンタンの皮の端を少し空けるようにして2を適量のせ、くるくると棒状に巻く。

④ 焼く

4 フライパンにごま油を中火で熱し、3を入れ、2分ほどコロコロ転がして両面に油を吸収させる。熱湯大さじ3を加えて蓋をして、弱火で4分ほど蒸し焼きにする。

5週目

① 火にかける

2 鍋に水400ml、1、Aを入れて極弱火にかける。

> 皮が重ならないように、隙間にどんどん落としていこう！

⑤ ワンタンの皮を加える

3 煮立ったらワンタンの皮を1枚ずつはがして入れ、中火で1分ほど煮る。

5週目

Tue.

20分でできる!

セロリと豚のオイスター炒めの献立

タレは下準備のときに
混ぜ合わせておいてもいいけど、
慣れてきたら
炒めているときにササッと
合わせればさらに時短に！
最後に粗びき黒こしょうをかけて
パンチのある味にしても美味！

メニュー

[主食]
ごはん

[汁物]
トマトと卵の洋風みそ汁

[主菜]
セロリと豚の
オイスター炒め

[作りおき副菜1]
キャベツとひじきの
和風ごまサラダ

[作りおき副菜2]
キャベツとにんじんの
コールスロー

5週目 Tue. セロリと豚のオイスター炒めの献立

セロリはさっと炒めて食感を残すと◎

Start

セロリと豚のオイスター炒め

材料　2人分
- 豚バラ薄切り肉……200g
- 塩・こしょう……各少々
- 片栗粉……大さじ1
- セロリ……1本
- A｜酒……大さじ1
  ｜オイスターソース……小さじ2
  ｜砂糖・鶏がらスープの素……各小さじ1
- ごま油……大さじ1

材料の下準備をする

1 セロリは斜め薄切りにする。Aは混ぜ合わせる。

Start

トマトと卵の洋風みそ汁

材料　2人分
- ミニトマト……2個
- 溶き卵……1個分
- 顆粒ブイヨン……小さじ1
- みそ……大さじ1と1/2

材料の下準備をする

1 ミニトマトは4等分に切る。

10分	15分	Finish!! 20分

下味をつける

2 豚肉は塩、こしょうを ふり、片栗粉をまぶ す。

炒める

3 フライパンにごま油 を中火で熱し、2を 入れて2分ほど炒め る。色が変わったら セロリを加えてさっ と炒める。

タレをからめる

4 Aを加えて炒め合わ せる。

火にかける

2 鍋に水400ml、1を 入れて極弱火にかけ、 煮立ったらブイヨン、 みそを加える。

溶き卵はゆっくり、 少しずつ加えることで ふわふわな かきたまになるよ！

卵を加える

3 再度煮立ったら溶き 卵を少しづつ加え、 中火で1分ほど煮る。

5週目

Wed.

30分でできる！

お好み焼き風つくねの献立

お好み焼き風の味つけで、
たんぱく質もとれるから
お気に入り！
濃いめの主菜には、
さっぱりとしたマリネを添えると
バランスが良くなるよ！

メニュー

[主食]
ごはん

[汁物]
わかめと卵の中華スープ

[主菜]
お好み焼き風つくね

[作りおき副菜1]
ひじきとしょうがのきんぴら

[作りおき副菜2]
にんじんとセロリのマリネ

5週目 Wed. お好み焼き風つくねの献立

成形なしだから らくらく作れる！

Start

お好み焼き風つくね

材料　2人分／10個分

- 豚ひき肉……200g
- キャベツ……100g
- 塩……少々
- 片栗粉……大さじ1
- しょうが（チューブ）……小さじ1
- ごま油……大さじ1
- かつお節・あおさ粉・お好み焼きソース・マヨネーズ……各適量

材料の下準備をする

1 キャベツはみじん切りにしてボウルに入れ、塩ひとつまみを加えて揉み込み、5分ほどおいたら水けを絞る。

Start

わかめと卵の中華スープ

材料　2人分

- わかめ（乾燥）……3g
- 長ねぎ……5cm
- 卵……2個
- A ｜ しょうゆ・みりん・ごま油……各小さじ2
- 鶏がらスープの素……小さじ1

材料の下準備をする

1 長ねぎは小口切りにする。

15分　　　　　20分　　　　　Finish!!
　　　　　　　　　　　　　　30分

② こねる

2 ボウルにひき肉、**1**、片栗粉、しょうが、塩ひとつまみを入れて1分ほどよくこねる。

③ 焼く

3 フライパンにごま油を中火で熱し、**2**をアイスディッシャー（またはスプーン）ですくって入れ、片面を3分ほど焼く。上下を返し、蓋をして弱火で4分ほど焼く。

4 器に盛り、お好み焼きソース、マヨネーズをかけ、かつお節をのせ、あおさ粉をかける。

> スプーンは2本用意して、片方で肉だねをすくって、もう片方で落とし入れるのがおすすめ！

5週目

① 火にかける

2 鍋に水400ml、**1**、わかめ、**A**、鶏がらスープの素を入れ、極弱火にかける。

④ 卵を加える

3 煮立ったら卵を加え、中火で好みのかたさになるまで煮る。

137

5週目

Thu.

20分でできる！

豚のもやし＆豆苗巻きの献立

主菜はレンチンで完成するから、
「忙しいけどしっかり食べたい……」
そんなときにおすすめ！
豆苗の代わりに
細切りにしたにんじんや
さやいんげん、えのきだけを
巻いても美味しいよ。

メニュー

[主食]
ごはん

[汁物]
もやしの旨辛スープ

[主菜]
豚のもやし＆豆苗巻き

[作りおき副菜1]
こんにゃく田楽

[作りおき副菜2]
キャベツとにんじんの
コールスロー

5週目 Thu. 豚のもやし＆豆苗巻きの献立

パンチのきいたタレをかけて、無限に食べられる！

Start

豚のもやし＆豆苗巻き

材料　2人分

- 豚バラ薄切り肉……8枚（200g）
- 塩・こしょう……各少々
- 豆苗……1/2袋
- もやし……1/2袋
- A
  - 酢……大さじ2
  - しょうゆ・ごま油……各小さじ4
  - 豆板醤……小さじ2
  - 白いりごま……小さじ1
  - しょうが（チューブ）・にんにく（チューブ）……各小さじ1/2

材料の下準備をする

1　豆苗は根元を切り落とす。豚肉は塩、こしょうをふる。Aは混ぜ合わせる。

Start

もやしの旨辛スープ

材料　2人分

- もやし……1/3袋
- にら……1本
- 長ねぎ……5cm
- A
  - 白いりごま……小さじ2
  - 鶏がらスープの素・豆板醤……各小さじ1
- みそ……大さじ1

材料の下準備をする

1　にらは一口大に切り、長ねぎは小口切りにする。

15分   Finish!!
20分

巻く

2 豚肉を広げ、もやし、豆苗を1/8量ずつのせてくるくると巻く。

レンチンする

3 耐熱皿に**2**を並べ、ラップをして電子レンジで4～5分加熱する。器に盛り、**A**をかける。

> 巻き始めは特にギュッと巻くとGood！

火にかける

2 鍋に水400ml、**1**、もやし、**A**を入れ、極弱火にかける。

みそを溶く

3 煮立ったらみそを加え、中火で1分ほど煮る。

5週目

141

5週目

Fri.

30分でできる！

厚揚げの麻婆炒めの献立

しっかり味のおかずだから、
ごはんにのせて
丼にしても美味しいよ。
ひき肉は豚肉の薄切り肉に
代えてもOK！
厚揚げとお肉で、
ボリューム満点の一品に！

メニュー

[主食]
ごはん

[汁物]
レタスのたまポンスープ

[主菜]
厚揚げの麻婆炒め

[作りおき副菜1]
キャベツとひじきの
和風ごまサラダ

[作りおき副菜2]
こんにゃく田楽

142

5週目 Fri. 厚揚げの麻婆炒めの献立

厚揚げを使うことでコクアップ＆形崩れなし！

厚揚げの麻婆炒め

Start

材料　2人分
- 豚ひき肉……150g
- 厚揚げ……1枚（200g）
- 長ねぎ……10cm
- にら……2本
- A
  - 酒・みそ……各大さじ1
  - オイスターソース……小さじ2
  - しょうが（チューブ）・にんにく（チューブ）・豆板醤……各小さじ1
  - 粗びき黒こしょう……適量
- 水溶き片栗粉……片栗粉小さじ1＋水大さじ1
- ごま油……大さじ1

材料の下準備をする

1　厚揚げは一口大に切り、長ねぎはみじん切りにし、にらは3cm長さに切る。Aは混ぜ合わせる。

> みそやオイスターソースなどもったりとしている調味料は、しっかりと混ぜ合わせておくのがコツ！

レタスのたまポンスープ

Start

材料　2人分
- サニーレタス……2枚
- 溶き卵……2個分
- A
  - ポン酢しょうゆ……大さじ1
  - 鶏がらスープの素・白いりごま……各小さじ1

材料の下準備をする

1　サニーレタスはちぎる。

15分 20分  Finish!! 30分

② 炒める

2 フライパンにごま油を中火で熱し、ひき肉を入れて炒める。
3 ひき肉の色が変わったら厚揚げ、長ねぎ、にらを加えてさっと炒める。

③ タレをからめる

4 Aを加えて炒め合わせる。

④ 水溶き片栗粉を加える

5 水溶き片栗粉を加えてとろみをつける。

① 火にかける

2 鍋に水400ml、1、Aを入れ、極弱火にかける。

⑤ 卵を加える

3 煮立ったら溶き卵を少しずつ加え、中火で1分ほど煮る。

5週目

145

Column Hana の暮らし 9

一問一答

はじめましての方は、ここから私を知ってくれると嬉しいよ！ もう知ってる！ って方はもっと知ってね〜！

好きな食べ物は何？
海藻全般、魚介類、あとはキウイとマンゴー！

好きなお菓子は？
昆布とするめいか

これ食べたら幸せ！って感じる食べ物は？
ひきわり納豆ごはん

好きな調理法は？
簡単なのに食材の旨みを感じられるから蒸し料理！ シンプルに野菜を蒸してポン酢しょうゆをつけて食べると◎

忘れられない味、料理はなんですか？
ポルトガルで食べた"ヴィファーナ"っていう豚肉のサンドイッチ！ ポルトガル人の友達にお店に連れて行ってもらって、"ビールを飲んでから食べてみて！"って言われて真似したら衝撃的な美味しさだった

雨の日におすすめレシピは？
P69のエピがおすすめ！

一番好きなレシピは？
梅しそチーズとんかつ！ 1枚のお肉に少し手を加えることで「美味しいもの」に変貌するところが好き

最後の晩餐に食べたいものは？
おばあちゃんが作る山椒で炊いたたけのこをのせたお茶漬け

料理をしていて、一番好きな瞬間は？
すべての調理を終えて、今日も任務達成！ と感じながらお皿を洗っているとき

一番リピートしている、自分のメニューは？
作るのが簡単なのに誰もが美味しい！ と絶賛してくれる青椒肉絲！

146

料理を好きになったきっかけは？

節約を意識するようになって、
限られた食材の組み合わせを
考えていたら、だんだんと
ゲームのような感覚に。
気づいたら好きになっていたよ

Hanaさんはいつから
料理に目覚めましたか？

保育園の年長さんのときに、
はじめて包丁を握らせて
もらえたのがきっかけ
だったと思う！

今、一番やりたいことは何？

世界中の料理を習いに、
料理留学に行くこと！

料理を作るときに、
一番最初に考えることは？

どの調理工程に一番時間がかかるか。
お肉に味を染み込ませる、
野菜の皮むきが大変そうなど、
時間がかかるポイントを確認しているよ

どうやってお料理の
モチベーションをキープしている？

作りたいレシピを
常に献立ノートに書いているよ！
「これ作りたいな！」「こんなのどうかな？」
みたいな、ワクワクがないと
私は続けられないかも

元気の源は？

よく食べて、よく寝て、よく動く！

最近見つけた使いやすい
調理器具はありますか？

無印良品のスパチュラ！
料理中から盛りつけまで
使い勝手が最高！

献立のレパートリーが
少なくて悩みます……。
どうすればいい？

定食屋さんのメニューが
参考になると思う！
私もメニューを端から見ては
メモをして、レパートリーの
参考にしているよ

お料理、失敗することって
ありますか？

ありすぎる!! 頭の中では
美味しくできる予定だったのに、
できあがったら"あれ？ 何だこれ？"
みたいなの、数えきれないくらいあるよ！

Hanaさんにとって
"仕事"とは？

自分も周りもハッピーにすること！

食材別さくいん

肉類・肉加工品

豚肉
- 青椒肉絲⋯⋯50
- てりたまポーク⋯⋯66
- ハニーガーリックポーク⋯⋯80
- ねぎレモンポーク⋯⋯92
- にら玉豚キムチ⋯⋯106
- 梅しそチーズとんかつ⋯⋯110
- 厚揚げと豚肉のヤンニョム炒め⋯⋯114
- セロリと豚のオイスター炒め⋯⋯132
- 豚のもやし＆豆苗巻き⋯⋯140

鶏肉
- 甘酢チキン⋯⋯28
- ピリ辛七味から揚げ⋯⋯36
- 鶏なすたぬき⋯⋯76
- 香味ダレチキンステーキ⋯⋯84
- 旨トマ鶏チリ⋯⋯88

ひき肉
- 煮込みハンバーグ⋯⋯24
- れんこんの挟み焼き⋯⋯32
- タコライス⋯⋯40
- 麻婆春雨⋯⋯54
- 簡単ちび餃子⋯⋯128
- お好み焼き風つくね⋯⋯136
- 厚揚げの麻婆炒め⋯⋯144

ロースハム
- 中華春雨サラダ⋯⋯46
- ミニトマトと玉ねぎのマリネ⋯⋯46
- 卵とブロッコリーのサラダ⋯⋯47
- ペペロンブロッコリー⋯⋯47
- 野菜たっぷりコンソメみそ汁⋯⋯66

魚介類・魚介加工品・海藻類

たら
- たらのガーリックレモンソテー⋯⋯58
- たらの南蛮漬け⋯⋯62

かつお節
- ピーマンのおかか和え⋯⋯47
- ミニトマトとオクラのおかか和え⋯⋯72
- オクラの塩昆布和え⋯⋯73
- 小松菜とにんじんのおかか和え⋯⋯98

かに風味かまぼこ
- かにかまときゅうりのコロコロサラダ⋯⋯98
- かにかまと小松菜ともずくの酢の物⋯⋯99
- にらかに玉スープ⋯⋯110

さば缶
- さば缶で作る2種の春巻き⋯⋯102

ちくわ
- チーズ入り磯辺揚げ⋯⋯118

塩昆布
- オクラの塩昆布和え⋯⋯73

ひじき
- キャベツとひじきの和風ごまサラダ⋯⋯124
- ひじきとしょうがのきんぴら⋯⋯125

もずく
- かにかまと小松菜ともずくの酢の物⋯⋯99
- えのきともずくのスープ⋯⋯118

わかめ
- わかめと豆腐のみそ汁⋯⋯32
- わかめスープ⋯⋯50
- わかめと卵の春雨スープ⋯⋯62
- オクラと豆腐、わかめの中華スープ⋯⋯92
- 豆腐とわかめのみそ汁⋯⋯102
- わかめとにんじん、玉ねぎの韓国風スープ⋯⋯106
- 野菜たっぷりキムチスープ⋯⋯114
- わかめと卵の中華スープ⋯⋯136

野菜

青じそ
- ミニトマトとオクラのおかか和え⋯⋯72
- 鶏なすたぬき⋯⋯76
- さば缶で作る2種の春巻き⋯⋯102
- 梅しそチーズとんかつ⋯⋯110

枝豆
- かにかまときゅうりのコロコロサラダ⋯⋯98
- 枝豆チーズスティック⋯⋯99
- 枝豆とマカロニ、卵のサラダ⋯⋯99

オクラ
- ミニトマトとオクラのおかか和え⋯⋯72

オクラの塩昆布和え⋯73
オクラとトマトのレモンコンソメスープ⋯80
オクラとなすのみそ汁⋯88
オクラと豆腐、わかめの中華スープ⋯92

キャベツ
キャベツとにんじんのコールスロー⋯124
キャベツとひじきの和風ごまサラダ⋯124
簡単ちび餃子⋯128
お好み焼き風つくね⋯136

きゅうり
かにかまときゅうりのコロコロサラダ⋯98

小松菜
なすと小松菜のごま和え⋯72
お揚げと小松菜の煮浸し⋯72
小松菜となすのポン酢スープ⋯84
小松菜とにんじんのおかか和え⋯98
かにかまと小松菜ともずくの酢の物⋯99

サニーレタス
タコライス⋯40
レタスのたまポンスープ⋯144

セロリ
セロリとミニトマトの中華サラダ⋯124
にんじんとセロリのマリネ⋯125
セロリと豚のオイスター炒め⋯132

たけのこ
青椒肉絲⋯50
サンラータン⋯54

玉ねぎ
煮込みハンバーグ⋯24
玉ねぎとしめじのコンソメスープ⋯24
甘酢チキン⋯28
タコライス⋯40
玉ねぎとにんじんのトマトスープ⋯40
ミニトマトと玉ねぎのマリネ⋯47
ブロッコリーと玉ねぎのコンソメスープ
　⋯58
たらの南蛮漬け⋯62
てりたまポーク⋯66

野菜たっぷりコンソメみそ汁⋯66
ハニーガーリックポーク⋯80
旨トマ鶏チリ⋯88
にら玉豚キムチ⋯106
わかめとにんじん、玉ねぎの韓国風スープ
　⋯106
野菜たっぷりキムチスープ⋯114

豆苗
ワンタンスープ⋯128
豚のもやし＆豆苗巻き⋯140

トマト・ミニトマト・トマト缶
煮込みハンバーグ⋯24
タコライス⋯40
玉ねぎとにんじんのトマトスープ⋯40
ミニトマトと玉ねぎのマリネ⋯46
たらのガーリックレモンソテー⋯58
ミニトマトとオクラのおかか和え⋯72
ミニトマトのねぎ和え⋯73
オクラとトマトのレモンコンソメスープ⋯80
旨トマ鶏チリ⋯88
セロリとミニトマトの中華サラダ⋯124
トマトと卵の洋風みそ汁⋯132

長ねぎ
わかめスープ⋯50
麻婆春雨⋯54
サンラータン⋯54
わかめと卵の春雨スープ⋯62
ミニトマトのねぎ和え⋯73
香味ダレチキンステーキ⋯84
旨トマ鶏チリ⋯88
ねぎレモンポーク⋯92
ごまキムチ⋯98
にら玉豚キムチ⋯106
えのきともずくのスープ⋯118
簡単ちび餃子⋯128
ワンタンスープ⋯128
わかめと卵の中華スープ⋯136
もやしの旨辛スープ⋯140
厚揚げの麻婆炒め⋯144

なす
なすのナムル……72
なすと小松菜のごま和え……72
鶏なすたぬき……76
小松菜となすのポン酢スープ……84
オクラとなすのみそ汁……88

にら
にら玉豚キムチ……106
にらかに玉スープ……110
野菜たっぷりキムチスープ……114
簡単ちび餃子……128
もやしの旨辛スープ……140
厚揚げの麻婆炒め……144

にんじん
れんこんとにんじんのきんぴら……20
ほうれん草とにんじんのナムル……21
にんじんとオレンジのマリネ……21
甘酢チキン……28
玉ねぎとにんじんのトマトスープ……40
中華春雨サラダ……46
麻婆春雨……54
サンラータン……54
たらの南蛮漬け……62
小松菜とにんじんのおかか和え……98
わかめとにんじん、玉ねぎの韓国風スープ
　　……106
キャベツとにんじんのコールスロー……124
キャベツとひじきの和風ごまサラダ……124
ひじきとしょうがのきんぴら……125
にんじんとセロリのマリネ……125

ピーマン
甘酢チキン……28
タコライス……40
ピーマンのおかか和え……47
青椒肉絲……50
たらの南蛮漬け……62

ブロッコリー
卵とブロッコリーのサラダ……47
ペペロンブロッコリー……47

たらのガーリックレモンソテー……58
ブロッコリーと玉ねぎのコンソメスープ
　　……58

ホールコーン
ほうれん草とコーンと卵のマヨサラダ……20
コーンと卵の中華スープ……28

ほうれん草
ほうれん草とコーンと卵のマヨサラダ……20
ほうれん草とにんじんのナムル……21
ほうれん草としめじのごま和え……21
ほうれん草と卵の中華ポン酢スープ……36

もやし
豚のもやし＆豆苗巻き……140
もやしの旨辛スープ……140

れんこん
れんこんとにんじんのきんぴら……20
甘酢チキン……28
れんこんの挟み焼き……32

きのこ類

えのきだけ
野菜たっぷりキムチスープ……114
えのきともずくのスープ……118

しいたけ
麻婆春雨……54
サンラータン……54
野菜たっぷりコンソメみそ汁……66

しめじ
ほうれん草としめじのごま和え……21
玉ねぎとしめじのコンソメスープ……24

いも類

じゃがいも
のり塩ポテサラ……46

卵
ほうれん草とコーンと卵のマヨサラダ……20
コーンと卵の中華スープ……28
ほうれん草と卵の中華ポン酢スープ……36
タコライス……40
中華春雨サラダ……46

卵とブロッコリーのサラダ……47
サンラータン……54
わかめと卵の春雨スープ……62
てりたまポーク……66
枝豆とマカロニ、卵のサラダ……99
にら玉豚キムチ……106
にらかに玉スープ……110
トマトと卵の洋風みそ汁……132
わかめと卵の中華スープ……136
レタスのたまポンスープ……144

こんにゃく
ひじきとしょうがのきんぴら……125
こんにゃく田楽……125

乳製品
ピザ用チーズ
枝豆チーズスティック……99
さば缶で作る2種の春巻き……102
梅しそチーズとんかつ……110
厚揚げと豚肉のヤンニョム炒め……114
チーズ入り磯辺揚げ……118

豆加工品
厚揚げ
厚揚げと豚肉のヤンニョム炒め……114
厚揚げの麻婆炒め……144

油揚げ
お揚げと小松菜の煮浸し……72
豆腐とお揚げのみそ汁……76

豆腐
煮込みハンバーグ……24
わかめと豆腐のみそ汁……32
豆腐とお揚げのみそ汁……76
オクラと豆腐、わかめの中華スープ……92
豆腐とわかめのみそ汁……102

春雨
中華春雨サラダ……46
わかめと卵の春雨スープ……62
麻婆春雨……54

果実類
オレンジ
にんじんとオレンジのマリネ……21

レモン
ミニトマトのねぎ和え……73
オクラとトマトのレモンコンソメスープ……80
ねぎレモンポーク……92

漬け物類
梅肉
さば缶で作る2種の春巻き……102
梅しそチーズとんかつ……110

白菜キムチ
ごまキムチ……98
さば缶で作る2種の春巻き……102
にら玉豚キムチ……106
野菜たっぷりキムチスープ……114

主食・皮
春巻きの皮
枝豆チーズスティック……99
さば缶で作る2種の春巻き……102

マカロニ
枝豆とマカロニ、卵のサラダ……99

ワンタンの皮
簡単ちび餃子……128
ワンタンスープ……128

151

著者
Hana (はな)

1週間分、1日3食を2000円で作る料理動画が話題を呼び、20代の同世代を中心に多くの女性に支持されている。2023年にSNS活動を開始後、1年弱でYouTube登録者数は20万人、Instagramフォロワー数は39万人、TikTokフォロワー数は11万人を突破。現在のSNS総フォロワー数は150万人。

Instagram／Tik Tok @hana_sunnydays
YouTube「Hanaの暮らし」

帰宅後30分（ぷん）で完成（かんせい）！
爆速（ばくそく）夜（よる）ごはん

2025年4月2日　初版発行
2025年6月1日　第2刷発行

著者
Hana (はな)　©Hana, 2025

発行者
田村正隆

発行所
株式会社ナツメ社
東京都千代田区神田神保町1-52　ナツメ社ビル1F（〒101-0051）
電話 03-3291-1257（代表）　FAX 03-3291-5761　振替 00130-1-58661

制作
ナツメ出版企画株式会社
東京都千代田区神田神保町1-52　ナツメ社ビル3F（〒101-0051）
電話　03-3295-3921（代表）

印刷所
広研印刷株式会社

ISBN978-4-8163-7679-5
Printed in Japan
〈定価はカバーに表示してあります〉
〈落丁・乱丁本はお取り替えします〉
本書の一部または全部を著作権法で定められている範囲を超え、ナツメ出版企画株式会社に無断で複写、複製、転載、データファイル化することを禁じます。

本書に関するお問い合わせは、書名・発行日・該当ページを明記の上、下記のいずれかの方法にてお送りください。電話でのお問い合わせはお受けしておりません。
・ナツメ社webサイトの問い合わせフォーム https://www.natsume.co.jp/contact
・FAX 03-3291-1305
・郵送（上記、ナツメ出版企画株式会社宛て）
なお、回答までに日にちをいただく場合があります。
正誤のお問い合わせ以外の書籍内容に関する解説・個別の相談は行っておりません。あらかじめご了承ください。

ナツメ社Webサイト
https://www.natsume.co.jp
書籍の最新情報（正誤情報を含む）は
ナツメ社Webサイトをご覧ください。

撮影
中垣美沙

スタイリング
木村遥

デザイン
三木俊一、游珮萱、高見朋子（文京図案室）

イラスト
ool

編集協力／執筆協力
丸山みき（SORA企画）

編集アシスタント
樫村悠香、永野廣美（SORA企画）

編集担当
遠藤やよい（ナツメ出版企画株式会社）